权威·前沿·原创

皮书系列为
"十二五""十三五"国家重点图书出版规划项目

城乡一体化蓝皮书

BLUE BOOK OF
URBAN-RURAL INTEGRATION

中国社会科学院当代城乡发展规划院编　汝　信／总编

中国城乡一体化发展报告
（2017）

ANNUAL REPORT ON CHINA'S URBAN-RURAL
INTEGRATION (2017)

主　编／付崇兰
副主编／黄晓勇　陈洪波

社会科学文献出版社
SOCIAL SCIENCES ACADEMIC PRESS (CHINA)

图书在版编目（CIP）数据

中国城乡一体化发展报告．2017 ∕ 付崇兰主编．－－
北京：社会科学文献出版社，2017.9（2018.5 重印）
（城乡一体化蓝皮书）
ISBN 978 - 7 - 5201 - 1505 - 6

Ⅰ.①中… Ⅱ.①付… Ⅲ.①城乡一体化 - 发展 - 研
究报告 - 中国 - 2017 Ⅳ.①F299.2

中国版本图书馆 CIP 数据核字（2017）第 239070 号

城乡一体化蓝皮书
中国城乡一体化发展报告（2017）

主　　编 ∕ 付崇兰
副 主 编 ∕ 黄晓勇　陈洪波

出 版 人 ∕ 谢寿光
项目统筹 ∕ 周　丽　王玉山
责任编辑 ∕ 王玉山

出　　版 ∕ 社会科学文献出版社·经济与管理分社（010）59367226
　　　　　　地址：北京市北三环中路甲 29 号院华龙大厦　邮编：100029
　　　　　　网址：www.ssap.com.cn
发　　行 ∕ 市场营销中心（010）59367081　59367018
印　　装 ∕ 北京虎彩文化传播有限公司

规　　格 ∕ 开　本：787mm×1092mm　1/16
　　　　　　印　张：16.25　字　数：214 千字
版　　次 ∕ 2017 年 9 月第 1 版　2018 年 5 月第 3 次印刷
书　　号 ∕ ISBN 978 - 7 - 5201 - 1505 - 6
定　　价 ∕ 85.00 元

皮书序列号 ∕ PSN B - 2011 - 226 - 1/2

城乡一体化蓝皮书编委会

汝　信　研究员、博士生导师、学部委员、中国社会科学院

王延中　研究员、博士生导师、中国社会科学院民族研究所

黄晓勇　研究员、博士生导师、中国社会科学院研究生院

谢寿光　社长、社会科学文献出版社

周　丽　副总编辑、社会科学文献出版社

付崇兰　研究员、博士生导师、中国社会科学院当代城乡规划院

姜汉章　研究员、中国社会科学院外事局、当代城乡规划院

李春华　研究员、中国社会科学院城市发展与环境研究所

潘家华　研究员、博士生导师、中国社会科学院城市发展与环境研究所

胡　滨　研究员、博士生导师、中国社会科学院金融研究所

单菁菁　研究员、中国社会科学院城市发展与环境研究所规划室

董宪军　研究员、中国社会科学院当代城乡发展规划院

郭庆方　教授、中国石油大学（北京）石油管理学院

李　倩　副研究员、同济大学建筑与城
规学院博士后，住房和城乡建
设部城乡规划管理中心

陈洪波　副研究员、中国社会科学院城
市发展与环境研究所

段元强　副研究员、高级规划师、中国
社会科学院当代城乡发展规划
院

黄育华　副研究员、中国社会科学院城
市发展与环境研究所

尚　洁　高级规划师、泛华建设集团有
限公司

傅文骁　翻译制图、助理研究员、中国
社会科学院当代城乡发展规划
院

本期执行主编　付崇兰

主要编撰者简介

汝　信 1931 年生，江苏吴江人。中国社会科学院学部主席团成员，中国社会科学院研究员、学部委员、博士生导师，兼任中华美学学会会长、中国政治学会会长，国际哲学与人文科学理事会副主席。曾任中国社会科学院副院长，中共中央第十四届中央委员会候补委员。1984 年获"有突出贡献的中青年专家"称号，1992 年享受国务院颁发的政府特殊津贴，原德意志民主共和国科学院外籍院士，韩国启明大学名誉博士。

学术专长为哲学、美学。

专著：《西方美学史论丛》《西方美学史论丛续编》《西方的哲学和美学》《美的找寻》《论西方美学与艺术》《汝信自选集》。

合著：《黑格尔范畴论批判》《马克思主义的三个来源》。

译著：福米娜《普列汉诺夫的哲学观点》、列夫可夫斯基《1947年前印度资本主义的发展》第四卷前半部、普列汉诺夫《尼·加·车尔尼雪夫斯基》。

付崇兰 1940 年 12 月 23 日（农历）生，山东省东平县人。中国社会科学院研究员、中国社会科学院城市发展与环境研究所创始人。1992 年开始享受国务院政府特殊津贴。1993 年任中国社会科学院城市发展与环境研究中心所级单位主任、研究生院城市发展系主任，博士生导师。中国城市规划学会委员、北京市政府顾问团顾问、当代城乡发展规划院院长。

学术专长：城市史学、城乡规划和南海三沙史融贯中国史与国际史学。

专著：《中国运河城市发展史》《中国运河传》《中国运河史话》《中国城市史话》《拉萨史》（本人撰写古代史与近代史部分）。

合著：《广州城市发展与建设》《珠海东区（海上试验区）发展规划》《黄骅市经济社会发展规划》《长城沿线城市》《世纪之交的城市建设》《中外名城故事》《小城镇论》《新城论》《建设节约型社会战略研究》《绿色江苏》《中国城市发展史》《港澳与周边地区合作关系研究》等。专著获中国社会科学院三个二等奖。合著获两个一等奖：《世纪之交的城市建设》获建设部全国第三届建筑科学图书一等奖。《中国城市发展史》获北图文津提名奖、社会科学院老干局一等奖。

黄晓勇　中国人民大学政治经济学系毕业。现任中国社会科学院研究生院院长、教授、博士生导师。兼任全国日本经济学会副会长、国际能源安全研究中心主任、社会组织与公共治理研究中心主任。

近年主要成果：1. 著作：《国际能源博弈论集》《中国节能政策机制研究》等。2. 主编：《世界能源发展报告》（年度蓝皮书）、《社会组织发展报告》（年度蓝皮书）、《中国的能源安全》、《中国能源的困境与出路》等。

陈洪波　湖北竹山人，1967 年 11 月出生。2002 年华中科技大学经济学院毕业，经济学博士学位、博士后、副研究员。2004～2005年国家公派赴英国剑桥大学经济系研修能源－环境－经济模型。在中国社会科学院城市发展与环境研究所从事能源、环境与气候变化经济分析与政策研究。任中国社会科学院可持续发展研究中心副主任、中国生态经济学会理事。

近年来，发表论文 30 余篇，主持课题 30 余项，获 2011 年中华农业科技奖一等奖、2012 年国家科技进步奖二等奖、2013 年中国环境保护科技奖二等奖。

合著：《万通低碳建设标准研究》、《气候官来了：中国企业低碳发展指南》*China's Climate Change Policies*、《低碳融资的机制与政策》、《应对气候变化报告（2009）：通向哥本哈根》等。

摘　要

《中国城乡一体化发展报告（2017）》根据《中华人民共和国国民经济和社会发展第十三个五年规划纲要》（以下简称《"十三五"规划纲要》），研究了全国各省、市、县《国民经济和社会发展第十三个五年规划纲要》，综合其要旨。

一　户籍改革与打赢脱贫攻坚战二者双轮驱动

2020 年是全面建成小康社会的时间节点，提高户籍人口城镇化率和打赢脱贫攻坚战，二者双轮驱动，是城镇化、城乡一体化重要途径。城镇化规划引导城镇化健康发展。

（1）加大户籍制度改革措施落实力度，加快完善相关配套政策，落实中央确定的使 1 亿左右人口在城镇定居落户的目标。各地为实现户籍人口城镇化率目标采取多项举措。山东省作为一个东部大省，"十三五"期间，计划实现 1000 万农业转移人口落户城镇。各地探索实施居住证制度；健全促进农业转移人口市民化机制。

（2）易地搬迁是重要的扶贫措施，是优化村镇布局，整体推进新农村建设的重要手段。对"一方水土养不活一方人"地区的约 1000 万贫困人口实施易地搬迁，这些地区主要是生态核心区、水源保护区和生存条件恶劣、生态环境脆弱、自然灾害频发等地区，省级规划纲要中提出了移民搬迁计划和主要做法，17 个省份提出易地搬迁目标共 941.6 万人。设计了扶贫路、扶贫园、旅游等系列政策。

二 培育中小城市和特色镇

国家《"十三五"规划纲要》，针对我国中小城市发展滞后，20万～50万人中等城市占比18%以上，20万人口以下城市占比不到18%，中小城市数量过少，城市规模结构严重不合理的情况从全国城镇规模结构的主攻方向上提出，"以提升质量、数量为方向，加快中小城市和特色镇建设"，"把有条件的县城和重点镇发展成为中小城市"。全国多个省份已启动小城市培育试点，其中，浙江开展了50个左右小城市培育试点，山东省计划培育形成20个左右新生中小城市。住房和城乡建设部、国家发展改革委、财政部决定在全国范围开展特色小镇培育工作，在"十三五"期间，培育1000个左右各具特色、富有活力的特色小镇，引领带动全国小城镇建设。

可概括为以培育中小城市和特色镇为方向。培育特色镇在公共事业管理、机构设置、法律主体资格和财政资源配置上功能完善，是新型城镇化规划战略主题之一。

三 提升城市可持续发展水平

新阶段、新趋势、新途径。贯彻中央"创新、协调、绿色、开放、共享"理念。在经济新常态背景下，城市由规模扩张转变为内涵发展方式，重视以人为本、优化布局、生态文明、传承文化的发展。以科学发展观为指导，清洁生产，绿色消费。产业结构调整与升级，生态文明、绿色低碳。把生态文明理念全面融入城镇化进程，推进绿色发展、循环发展、低碳发展、节约集约发展，节地、节水、节能、节材、废旧回收、资源综合利用。重点建设、管理河、湖生态功能区，完善城市环保设施和管理制度、措施，建设可持续城市运营模式。在未来五年，浙江省高标准建设 100 个左右产业支撑有力、高端人才集聚、具有独特文化内涵和旅游功能的特色小镇，目标瞄准万亿元级大产业，兼顾历史经典产业，坚持产业、文化、旅游和社区功能"四位一体"，实现生产、生活、生态融合发展。

改革开放以来，我国经历了世界历史上规模最大、速度最快的城镇化进程，城市发展波澜壮阔，取得了举世瞩目的成就。城市发展带动了整个经济社会发展，城市建设成为现代化建设的强大引擎。

城市是我国经济、政治、文化、社会等方面活动的中心；农村在整个国家发展全局中也具有举足轻重的地位与作用。

但是，从近些年各地城市发展建设调研中也发现，由于城市发展建设的快速推进，原有的关于城市发展建设的各类支撑理论、技术标准体系、设计与管理的体制机制在解释分析城市发展现状逻辑或支持实际设计或管理城市发展建设时，存在一些难以克服的矛盾点，难以反映和适应我国城乡经济社会快速发展的新情况。

党中央高瞻远瞩，时隔 37 年，于 2015 年 12 月 20 日在北京召开了中央城市工作会议，并着重提出要尊重城市发展规律，统筹空间、规模、产业三大结构，提高城市工作全局性；统筹规划、建设、管理三大环节，提高城市工作的系统性；统筹改革、科技、文化三大动力，提高城市发展持续性；统筹生产、生活、生态三大布局，提高城市发展的宜居性；统筹政府、社会、市民三大主体，提高各方推动城市发展的积极性，以系统思维开展城市工作等指导思想，号召全国城市发展建设战线在"建设"与"管理"两端着力创新，转变城市发展方式，完善城市治理体系，提高城市治理能力，解决"城市病"等突出问题。《城乡一体化蓝皮书》作为中国社会科学院蓝皮书系列之一，积极响应党中央第四次城市工作会议的号召，积极联系组织全国各地的规划、建设、管理、教学科研等部门的专家学者进行城市规划建设管理等方面的理论创新与城市发展建设实践总结。本年度的《城乡一体化蓝皮书》理论研究与工作实践总结成果更加丰硕：武汉理工大学政治与行政学院的邓万春教授对湖北省城乡一体化各阶段的特点特征进行了深刻总结；中国科学院地理科学与资源研究所的梁怡博士对我国扶贫开发治理体系的演进历程进行了梳理，并对当前扶贫开发治理体系建设中存在的问题提出了相应的对策建议；贵州省委党校、贵州行政学院安治民副教授以贵州迤那为例对精准扶贫工作进行了精彩的经验分享；住房和城乡建设部城乡规划管理中心李倩副研究员以贵阳为例，分析并总结了西部欠发达山地地区新型城镇化面临的四个方面的突出问题，并从城镇群建设、产业发展、小城镇建设和生态保护等七个方面提出了思路与见解。此外，李倩研究员还与住建部窦筝对陕西省美丽乡村的建设现状与存在问题进行了系统的梳理分析，并提出了有针对性的具体意见；山东省青岛市黄岛区委党校杨金江副校长以黄岛区藏南镇为例，介绍了山东省胶东地区在发展特色小镇、推进新型城镇化建设方面的先进经验；泛华建设集团的尚洁、纪聪，当代城乡发展规划院的段元强三位规划师，从规划编研的角度，以河南兰考县为例，系统探讨了基于县域城乡建设发展决策辅助支持需求的顶层设计的必要性；同时，段元强、尚洁两位规划师以自己生活居住的北京市的日常生活感受为素材，从规划、产业、用地、公共服务分配、地产价格分布等角度系统分析了北京市存在"大城市病"的主要根源，针对根治"大城市病"的系统多样的措施，分析提出了系统顶层设计方案的必要性和基本思路，供城市管理层决策参考。天津市社会科学院的储诚山副研究员与中国社会科学院的陈洪波副研究员对安徽省金寨县的光伏扶贫实施路径与做法进行了很好的分析与总结。

总的来说，本书组织编写的这些文章很好地反映了当前全国各地城市发展建设的现状总结、问题思考与理论探索情况，为我国的城乡规划建设管理理论探索提供了有益补充，同时也为各级政府领导的城市发展建设决策，为城乡发展建设计划规划的编制，提供了有益的理论支持与借鉴。本书还重点介绍了光伏扶贫可持续调研报告和各地成功经验。

四 本期报告城乡统筹篇

首都北京国际大都市的远郊区已经实现农村城镇化、产业规模化、农业现代化、大地园林化。平谷区挂甲峪村和松棚村，属于中国特大城市地区城乡一体化发展类型之一。保护生态环境，传承厚重文化，推动社会发展，已经融合在城乡发展整体规划之中。在全球化大背景下，中国区域性城乡功能互动，提供国际性服务、诚信服务、游憩活动、体育活动，乡镇得到前所未有的发展。

目 录

Ⅰ 总报告

Ⅱ 理论篇

Ⅲ 实践篇

Ⅳ 规划篇

Ⅴ 科技篇

VI 城乡统筹篇

皮书数据库阅读**使用指南**

总 报 告

General Report

B.1

"十三五"期间城乡一体化新途径

王新春　陈洪波　王晓鹏*

摘　要：　推进城乡一体化发展是系统工程和长期任务。当前，我国户籍人口城镇化率明显滞后，中小城市发展不足，县域城镇对农村辐射带动能力弱，空心村问题突出，村庄空间布局有待优化，贫困地区城乡一体化程度尤其落后，易地搬迁难度大。提高户籍人口城镇化率和打赢脱贫攻坚战是"十三五"时期重要任务，提高户籍人口城镇化率和脱贫攻坚双轮驱动，是新时期促进

---

* 王新春，1969 年生，建筑材料工业技术情报研究所副总工程师，教授级高级工程师，长期从事政策研究工作；陈洪波，1967 年生，经济学博士，中国社会科学院城市发展与环境研究所副研究员，中国社会科学院可持续发展研究中心副主任，长期从事低碳生态城市、碳市场、节能减排与气候变化政策研究；王晓鹏，1987 年生，建筑材料工业技术情报研究所，经济师，从事产业经济研究工作。

城乡一体化发展的重要新途径，户籍制度和居住证制度改革、中小城市培育、特色小镇建设和易地脱贫搬迁是"十三五"期间实现城乡一体化的新举措。

关键词： "十三五"规划　城乡一体化　途径

随着新型城镇化的快速发展，我国城乡二元结构得以改善，城乡差距不断缩小，然而，我国仍有 7000 多万农村贫困人口，贫困人口集中地区也是城乡一体化发展相对落后地区。2020 年是我国全面建成小康社会的时间节点，提高户籍人口城镇化率和打赢脱贫攻坚战是"十三五"时期的重要任务，二者双轮驱动是新时期实现城乡一体化的重要途径。2016 年作为"十三五"的开局之年，各地发布的国民经济和社会发展规划纲要中提出新型城镇化和脱贫发展目标和主要任务，本文在综述和分析各地规划的基础上，总结新时期实现城乡一体化的新途径，为各地规划的实施提供借鉴。

一　面临的新形势

（一）提高户籍人口城镇化率

习近平总书记在党的十八届五中全会上明确提出，加快提高户籍人口城镇化率。党中央召开中央城市工作会议，将促进常住人口有序实现市民化作为城镇化的首要任务。加大户籍制度改革措施落实力度，加快完善相关配套政策，落实中央确定的使 1 亿左右人口在城镇定居落户的目标。

2015 年我国城镇化率达到 56.1%，户籍人口城镇化率仅为

39.9%，2016 年的《中华人民共和国国民经济和社会发展第十三个五年规划纲要》（以下简称《"十三五"规划纲要》）提出，到 2020 年，常住人口城镇化率达到 60%、户籍人口城镇化率达到 45%，届时，常住城镇人口和户籍城镇人口分别增加 5400 万人和 7000 万人，没有落户的城镇人口为 2 亿 619 万人，将比 2015 年的 2 亿 2268 万人约减少 1649 万人。

2016 年以来，各省市相继发布《国民经济和社会发展第十三个五年规划纲要》（以下简称"省级规划纲要"），多数省份同时提出了常住人口城镇化率和户籍人口城镇化率双目标，北京、上海和重庆三个特大城市和江苏省没有发布常住人口城镇化率目标（见表 1）。黑龙江、浙江、福建、广西、四川和贵州 6 省份户籍人口城镇化率目标为约束性指标，其他省份为预期性指标。

表 1　"十三五"各省份城镇化率目标

省　份	常住人口城镇化率(%)		户籍人口城镇化率(%)	
	2015 年	2020 年	2015 年	2020 年
全　国	56.1	60	39.9	45
北京市	86.5	/	/	/
天津市	82.64	84	/	/
河北省	51.33	60	36.34	45
山西省	55.03	60 左右	37.71	44
内蒙古自治区	60.3	65	43	50
辽宁省	67.4	72	57.3	65
吉林省	55.3	60 左右	48.4	54
黑龙江省	58.8	63	49.1	55*
上海市	/	/	/	/
江苏省	66.5	/	/	67
浙江省	66	70	51.2	55*
安徽省	50.5	56	27.6	35

省　份	常住人口城镇化率（%）		户籍人口城镇化率（%）	
	2015 年	2020 年	2015 年	2020 年
福建省	62.7	67	34.7	48*
江西省	51.6	60	32.1	40
山东省	57.01	65	47.5	55
河南省	46.85	56	22.4	40 左右
湖北省	56.9	61	36.4	44
湖南省	50.9	58	28.1	40 左右
广东省	68.7	71.7	46	50
广西壮族自治区	47.06	54	32.4	40*
海南省	55.1	60	39	47
重庆市	60.9	/	44.56	50
四川省	47.7	54	30	38*
贵州省	42	50	32.9	43*
云南省	43.3	50	31	40
西藏自治区	26	30	17.4	20
陕西省	53.9	60	39	45
甘肃省	43.19	>50	33.61	>38
青海省	50.3	60	/	/
宁夏回族自治区	55.2	60	40.6	52
新疆维吾尔自治区	48	58	38.3	45

注：1. *约束性；/未设定。2. 资料来源：《“十三五”规划纲要》和相应省份的《国民经济和社会发展第十三个五年规划纲要》。

从各地设定的目标看，2020 年城镇化率目标提高幅度普遍高于全国平均增长水平。除广东、天津等个别省份外，绝大多数省份设定的常住人口城镇化率目标超过全国平均增长水平，其中增加幅度在 5 个百分点的有 15 个省份，新疆、青海、河南、河北和贵州 5 省份增加幅度超过 8 个百分点。除广东、浙江和西藏等个别省份外，绝大多数省份设定的常住人口城镇化率目标超过全国平均增长水平，河南、福建、湖南、宁夏和贵州 5 省份增加幅度超过 10 个百分点。

（二）农村脱贫攻坚

我国是世界最大的发展中国家之一，各地区间、城乡间发展不平衡，贫富差距明显。国家统计局发布的数据表明，按照年收入2300元（2010年不变价）的国家扶贫标准，2014年底我国依然有7017万贫困人口，到2016年底，农村居民和贫困地区农村居民可支配收入分别为12363元和8452元，分别是全国平均值的52%和35%。到2020年全面建成小康社会，是我们党确定的"两个一百年"奋斗目标的第一个百年奋斗目标。党的十八届五中全会提出，在提高发展平衡性、包容性、可持续性的基础上，到2020年国内生产总值和城乡居民人均收入比2010年翻一番。农村贫困人口脱贫是全面建成小康社会最艰巨的任务，我国将在"十三五"期间坚决打赢脱贫攻坚战，确保农村贫困人口全部脱贫，确保贫困县全部脱贫摘帽。《"十三五"规划纲要》提出，通过发展特色产业、转移就业、易地扶贫搬迁、生态保护扶贫、教育培训、开展医疗保险和医疗救助等措施，实现约5000万建档立卡贫困人口脱贫，其余完全或部分丧失劳动能力的贫困人口实行社保政策完成脱贫。

二 存在的主要问题

（一）东、中、西部结构性差异大，户籍人口城镇化率明显滞后

根据各省份发布的数据，截至2015年底，东部地区11省市的常住人口城镇化率平均为68.4%，比中部地区高15.2个百分点，比西部地区高20.2个百分点，中、西部地区比东部地区分别低22%和30%；东部地区的户籍人口城镇化率平均为44%，比中部地区和西

部地区分别高 8.8 个和 9.2 个百分点，中、西部地区比东部地区分别低 20% 和 21% 之多，城镇化水平东西差距明显，中西部地区城镇化质量不高。

近年来，我国常住人口城镇化率在稳步提升，但仍有 2 亿多进城务工人员和其他常住人口没有享受与当地城市居民同等的公共服务和市民权利，此外，留守儿童和流动儿童数量庞大。2015 年底全国有 7.7 亿常驻城镇人口，比户籍城镇人口多 2.2 亿人，常住人口城镇化率比户籍人口城镇化率高 16.2 个百分点，户籍人口城镇化率滞后高达 30%，其中，东、中和西部地区分别落后 24.4、18 和 13.4 个百分点，分别比常住人口城镇化率低 36%、35% 和 28%。东北三省、浙江、山东、广东、内蒙古、宁夏等省区户籍人口城镇化率高于全国平均水平，其中辽宁和浙江高于 50%，居全国先进行列。西藏、河南、安徽、湖南四省区户籍人口城镇化率最低，均低于 30%。根据第六次人口普查数据推算，农村留守儿童高达 6102.55 万人，其中，2015 年 6 月发布的留守儿童心灵状况白皮书显示，近 1000 万留守儿童一年见不到父母一次。同时，跟随就业大军流动的儿童也在增加，段成荣等的研究表明，流动儿童离开户籍所在地的时间平均长达 3.7 年，其中流动时间在 6 年以上的 7~14 岁流动儿童有约三分之一。

制约户籍人口城镇化率提高的症结较多，一是国家对跨省、跨地区转移人口尚未出台统一的政策，有些人口流入较多、农民工落户意愿较强的地区户籍改革方案不完整、不配套和不明确，对本地人宽、对外来人口严，造成外来人口特别是跨省市农业转移人口市民化进展缓慢。二是农民进城落户需要配套相应的教育、医疗、社保、就业等基本公共服务，增加地方财政公共服务支出，对地方财政能力弱的中西部地区城市尤其突出，财政支持保障不健全在一定程度上抑制了当地农民市民化进程。三是农民对进城落户的积极性不高，意愿不强，其中，农村宅基地、集体土地承包权等改革滞后，制约城乡要素的自由流动、平等交换的体制障碍依然存在，农村财产性价值无法实现，以及农民观念和生活习惯等因素是主要原因。

（二）中小城市发展滞后，县域城镇对农村辐射带动能力弱

改革开放以来，我国城镇化步入快车道，我国城市数量达 654 个，然而，中小城市发展滞后。一是在城市数量方面，与发达国家相比，我国城市数量过少，例如 3 亿多人口的美国城市数量超过 1 万个，1 亿多人口的日本城市数量有 787 个，如果参照日本的设市标准，我国城市数量为 7000 多个，如果按照美国的设市标准，我国的城市数量约 4 万个。二是在城市结构方面，我国涌现出一批大城市和特大城市，且人口和主要生产要素向大城市集中，出现房价高企、空气污染、交通拥堵、入托难等"大城市病"，大城市无法承载日益增加的人口，而小城市"空心化"，20 万人以下的小城市占比不到 18%，20 万～50 万人口的中等城市占比 18% 以上，大中小城市结构严重不合理。三是在城市数量不足的情况下，特大镇转型为小城市困难重重，我国人口超过 10 万人的特大镇有 238 个、超过 5 万人的中型镇有 885 个，很多特大镇具备了城市的体量和特征，然而，一方面，这些镇在公共事业管理、人员和机构设置、权限、法律主体资格和财政等资源配置与行政能力上存在诸多制约，陷入小马拉大车的困境，遭遇严重的发展"天花板"；另一方面，特大镇在区域经济中占有重要地位，所在市和县舍不得放手。如何培养中小城市是摆在我国城镇化过程中的重要主题之一。

发展县域经济是解决"三农"问题的重要途径，是实现就地城镇化的主要载体，是城乡一体化建设的重要任务之一。县域经济带动性不强，是造成城乡二元化的重要原因之一。一方面，县城没有做大，经济规模小，经济实力弱，主体产业特色不鲜明，农产品加工能力弱；另一方面，乡镇特色不明显，差异化不足，对农村的服务和带动能力差。

（三）空心村问题突出，村庄空间布局有待优化

改革开放以来，随着城镇化和工业化进程的加快，越来越多的农村劳动力流入城市，20世纪90年代中期之后出现"空心村"现象，村子里剩下的人群多为老、弱、病、残、幼，村庄内不仅出现没有人居住的破烂不堪的老宅子，也有大量长期空置的新建房屋。"空心村"的普遍存在，一是宅基地分散、空置和多占，造成土地资源和房产资产浪费；二是优质生产力资源不断流失，教育、医疗等核心要素缺失，村庄可持续发展受到长期挑战；三是道路、供水、排水、污水处理等基础设施投资和运营成本大，农村整体面貌很难改变，生活品质无法与城市相比。此外空心村留守儿童的存在还产生更多的社会问题。

我国是传统的农业大国，数千年农耕文明形成的自然村落以及解放初期建立的行政村，在主要依靠畜力和人力的生产力水平下，构成了当今村庄布局主体。然而随着经济的发展，农村道路交通基础设施和农业作业方式都发生翻天覆地的变化，村庄小、数量多、距离近、布局过于分散所带来的问题日益突出。一是增加基础设施建设成本，公共服务难以发挥集约效应；二是土地资源集约利用水平低，制约农业现代化发展；三是部分村镇位于城市水源地、自然保护区等生态功能区，有的处于地质灾害多发区，有的处于生活生产条件特别恶劣的贫困地区，对地区经济社会协调发展构成威胁，例如，延安市饮用水源地王瑶水库等库区在志丹县就涉及5个乡镇42个村81个村民小组1258户4026人，贵州省位于生态特别重要和脆弱的区域的村民就超过百万之众。农村土地管理薄弱，规划建设管理不完善，是村庄空间布局难以优化的体制性原因。

（四）贫困地区城乡一体化程度落后，易地搬迁难度大

我国贫困人口集中地区也是城乡一体化发展相对落后地区。贵州、

云南、河南、广西、湖南、四川六省区贫困人口均超过 500 万人，平均常住人口城镇化率和户籍人口城镇化率分别为 46.3% 和 29.5%，均比全国平均水平低 10 个百分点；西藏、甘肃、新疆、贵州、云南五省区贫困发生率超过 15%，平均常住人口城镇化率更是低至 40.5%。

我国经过第一个和第二个农村扶贫开发十年纲要的实施，剩下的贫困程度较深，自身发展能力比较弱，脱贫攻坚成本高、难度大。按照"十三五"脱贫攻坚规划，将实施 1）整村推进；2）职业教育培训；3）扶贫小额信贷；4）易地扶贫搬迁；5）电商扶贫；6）旅游扶贫；7）光伏扶贫；8）构树扶贫；9）贫困村创业致富带头人培训；10）龙头企业带动等十大精准扶贫工程。其中，对生存条件恶劣、生态环境脆弱、自然灾害频发等地区的约 1000 万贫困人口实施易地搬迁。易地搬迁需要支持新建住房及配套基础设施、公共服务设施，并依托小城镇、工业园区提供更多就业机会，提高贫困人口自我发展能力，确保群众搬得出、稳得住、有事做、能致富。易地搬迁是系统工程，一是涉及的搬迁人口多、意愿诉求多样，社会影响投入大，需要做足引导工作；二是搬迁的投资大，以云南省为例，云南省实施"36313"易地扶贫搬迁三年计划，力争用 3 年时间，投入 600 亿元，易地扶贫搬迁 30 万户 100 万人，建设 3000 个以上安置新村。据初步估算，仅易地搬迁全国总投入 6000 亿至 1 万亿元。此外，全国还加强贫困地区旅游路、资源路、产业园区路建设，建设国家干线交通网连接贫困地区的百个重大交通项目等，计划改造建设上百万千米农村公路。

三　实施的新路径

新型城镇化是城乡一体化的重要支撑，提高户籍人口城镇化率和脱贫攻坚双轮驱动，是新时期促进城乡一体化发展的重要新途径，户籍制度和居住证制度改革、中小城市培育、特色小镇建设和易地脱贫搬迁是"十三五"期间实现城乡一体化的新举措。

（一）农业转移人口市民化

1. 户籍制度改革

《"十三五"规划纲要》提出，强化地方政府推动农业转移人口市民化主体责任，推进1亿左右农业转移人口和其他常住人口在城镇落户，重点是推进有能力在城镇稳定就业和生活的农业转移人口举家进城落户，优先解决农村学生升学和参军进入城镇的人口、在城镇就业居住5年以上、举家迁徙的农业转移人口、新生代农民工落户问题。各地为实现户籍人口城镇化率目标采用多项举措。山东省作为一个东部大省，"十三五"期间，计划实现1000万农业转移人口落户城镇，该省以外来务工人员市民化、城中村和城边村原有居民市民化、农村就地转移就业人口市民化为重点，实现农业转移人口市民化，并进一步按承载能力分解到各城区，济南、青岛等市年均增长6万~8万人，淄博、烟台、潍坊、临沂等市年均增长3万~4万人，其他设区城市和经济强县（市）年均增长1万~2万人，一般县（市）年均增长5000人以上，小城镇和农村新型社区重点吸纳就地转移人口。湖北省第二大城市襄阳市，常住人口130万人，是规划中的呼南、郑万两条高铁的交汇点，正在推进汉江流域中心城市建设，制定了"四个零门槛"的落户政策，实施"迎接新市民工程"，在政策环境、土地管理、住房保障等方面出台优惠政策，吸引外来就业、创业人员落户襄阳，推进农业转移人口市民化，引导、鼓励高素质人才向该市区聚集，努力实现到2020年中心城区常住人口达到200万、2030年达到300万的目标。

2. 实施居住证制度

"十三五"期间，全国将全面实施居住证暂行条例，居住证制度覆盖全部未落户城镇常住人口，居住证持有人在居住地享有义务教育、公共就业服务、公共卫生服务等国家规定的基本公共服务。江苏省按照普惠性、保基本、均等化、可持续的原则，界定了优先供给的基本公共服务领域，包括公共教育、劳动就业、社会保障、医疗卫生、人口计生、住房保障、健康养老、文化体育以及公共安全、公共交通、生态环境、公共法律服务等，建立基本公共服务清单，以居住证为依据，推动按常住人口实现基本公共服务均等化全覆盖。广东省完善流动人口居住证"一证通"制度，拓展居住证的社会应用功能，保障农业转移人口随迁子女平等接受公共教育，建立不分户籍、不分经济类型和用工形式的失业保险制度，促进农业转移人口与城镇居民享受同等公共卫生服务，把公租房扩大到非户籍人口。福建省实施农业人口融入工程，建设包容性城市，扩大对居住证持有人的公共服务范围并提高服务标准，缩小与户籍人口的差距，包括提高农业转移人口参政议政、参与社会管理等政治待遇，推进农业转移人口家庭及子女融入当地社会，采取廉租房、公共租赁房、租赁补贴等方式改善农业转移人口住房条件。

3. 健全促进农业转移人口市民化的机制

《"十三五"规划纲要》提出，健全财政转移支付同农业转移人口市民化挂钩机制，为此，2016年8月，国务院印发了《关于实施支持农业转移人口市民化若干财政政策的通知》，10条具体政策措施涵盖了教育、医疗、社保、就业等基本公共服务主要领域，涉及中央和地方各级财政支出结构的重大调整。一是优先将持有居住证人口纳入基本公共服务保障范围，做到公共服务提供随人走。在义务教育方面，支持和引导地方政府将农业转移人口子女的义务教育纳入公共财政保障范围，中央和省级财政部门按在校学生人数及相关标准分配资金，实现"两免一补"和生均公用经费基本定额资金随学生流动可携带。在基本医疗方面，中央财政将重点支持整合城乡居民基本医疗保险制度，对于农业转移人口选择参加城镇居民医保的，各级财政按照参保城镇居民同样的标准给予补助。在社会保障和就业方面，加快实施统一规范的城乡社会保障制度，同时督促地方政府落实城镇职工基本养老保险关系转移接续政策。在促进就业创业方面，分配就业专项资金时，赋予城镇常住人口和城镇新增就业人口等因素适当权重，落实农业转移人口在常住地可按规定享受相应的就业创业扶持政策。二是建立农业转移人口市民化奖励机制，适当分担农业转移人口市民化成本。中央财政农业转移人口市民化奖励资金分配向吸纳跨省（区、市）流动转移人口较多地区和中西部中小城镇倾斜，具体奖励资金分配根据农业转移人口实际进城落户以及地方提供基本公共服务情况，并适当考虑农业转移人口流动、城市规模等因素；同时，中央财政不减少对中、西部财政困难地区的转移支付力度，有利于中、西部中小城市基层政府就近吸纳农业转移人口。随着财政支持农业转移人口市民化政策体系的建立和完善，有利于确保农民市民化和公共服务全覆盖等政策的落实，加快实现基本公共服务常住人口全覆盖的目标，促进户籍人口城镇化率的提高。

各地都在因地制宜地开展机制创新。云南等省建立健全农业转移人口市民化"三挂钩一分担"机制，即财政转移支付、城镇建设用地增加规模和财政性建设资金对城镇基础设施补贴数额与城镇吸纳农业转移人口落户数量挂钩，由政府、企业、个人共同参与的农业转移人口市民化成本分担。江苏省以规范基本公共服务项目清单和标准为依据，科学测算不同区域、不同层级城镇农业转移人口市民化成本。河北省建立健全常住人口和户籍人口城镇化水平动态监测机制，完善城乡建设用地增减挂钩政策，探索节余指标省域内有偿调剂使用。浙江省健全城乡发展一体化体制机制，全面完成确权登记颁证工作，依法赋予抵押、担保、流转等权能，积极探索进城农民有偿退出或转让土地承包经营权、宅基地使用权、集体经济股权,继续深化"三权到人(户)、权跟人(户)走"改革。

(二)实施易地脱贫搬迁

易地搬迁是重要的扶贫措施,也是优化村镇布局,整体推进新农村建设的重要手段。对"一方水土养不活一方人"地区约1000万贫困人口实施易地搬迁,这些地区主要是生态核心区、水源保护区和生存条件恶劣、生态环境脆弱、自然灾害频发等地区,省级规划纲要中提出了移民搬迁计划和主要做法。《全国易地扶贫搬迁"十三五"规划》确定需要实施易地扶贫搬迁的迁出区范围涉及全国22个省(区、市)约1400个县(市、区),建档立卡贫困人口约981万人,17个省区市提出易地搬迁目标共941.6万人(见表2),其中,贵州、云南、广西、湖南、四川五个贫困集中区是异地移民搬迁的重点,计划共搬迁538万人。

表2 "十三五"易地搬迁计划

省 份	易地搬迁人口	主要做法
全 国	约1000万人	《"十三五"规划纲要》提出的精准脱贫工程之一
河北省		对不具备生产生活条件、影响自然生态保护和生态功能增强的村,实行生态移民;对空心率超过50%、剩余户少于100户的空心村,实施搬迁整治
山西省		户籍人口300人以下、实际居住不到一半的贫困村全部实施移民搬迁
内蒙古自治区	20万人	
辽宁省	3000户	对居住危房的农村建档立卡贫困户,采取移民搬迁、危房翻建和盘活农村闲置住房等方式,彻底改善住房条件

省 份	易地搬迁人口	主要做法
吉林省		对列入搬迁规划且有搬迁意愿的贫困人口,结合土地整治、流域治理、城镇化、土地流转、生态保护、美丽乡村建设,分批采取集中或分散安置,统筹推进易地扶贫搬迁
浙江省	20万人	进一步加快高山远山、重点库区、地质灾害隐患区域、生态敏感区域、偏远小岛等地方群众的异地搬迁,5年实现20万人以上异地搬迁
安徽省	8.3万人	完成222处地质灾害隐患点危险区避灾移民搬迁
福建省	50万人	建设200个百户以上集中安置区和200个50户以上集中安置区
江西省	50万人	支持新建住房及配套设施建设,帮助解决后续生计问题,提高贫困人口自我发展能力
山东省		结合农村新型社区建设,做好库区、湖区、滩区、山区、黄河展区的贫困人口搬迁安置
河南省		加快实施深石山区易地扶贫搬迁和黄河滩区移民迁建安居工程
湖北省		在充分尊重群众意愿基础上,因地制宜选择搬迁安置方式。到2019年,实现符合搬迁条件的贫困户应搬尽搬
湖南省	80万人	
广东省		对不具备生产生活条件的零散贫困户实施"插花"搬迁
广西壮族自治区	100万人	
海南省		对居住在白沙、保亭、五指山、琼中等市县生态核心区、水源保护区和生存条件恶劣、生态环境脆弱、自然灾害频发等地区的农村贫困人口,实施易地扶贫搬迁工程
重庆市	25万人	
四川省	116万人	
贵州省	142万人	

省　份	易地搬迁人口	主要做法
云南省	30 万户，100 万人	建设 3000 个以上安置新村
西藏自治区	6.4 万户，26.3 万人	重点在昌都大骨节病等地方病高发区、"大三岩"片区和生态脆弱区、那曲阿里高寒牧区、日喀则山南林芝易灾多灾及其他资源匮乏区实施易地搬迁
陕西省	125 万人	
甘肃省	50 万人	2018 年前完成 50 万人建档立卡贫困户易地扶贫搬迁，2020 年实现符合条件和有搬迁意愿的群众应搬尽搬
青海省	20 万人	
宁夏回族自治区	8 万人	采取县内就近安置、劳务移民安置、小规模开发土地安置、农村"插花"安置等方式

资料来源：《"十三五"规划纲要》和相应省份的《国民经济和社会发展第十三个五年规划纲要》。

（三）中小城市培育和特色小镇建设

《"十三五"规划纲要》提出，以提升质量、增加数量为方向加快发展中小城市，完善设市设区标准，符合条件的县和特大镇可有序改市，以镇区常住人口规模、人口密度和经济规模等为基准，加快一批符合条件的县城和特大镇综合功能提升。完善市政基础设施和公共服务设施引导产业项目在中小城市和县城布局，推动优质教育、医疗等公共服务资源向中小城市和小城镇配置，加快拓展特大镇功能，赋予镇区人口 10 万以上的特大镇部分县级管理权限，培育形成一批功能完善、特色鲜明的新生中小城市。浙江、广东、江苏、山东、陕西、吉林等多个省份已启动小城市培育试点，其中，浙江省开展 50 个左右小城市培育试点，山东省计划培育形成 20 个左右新生中小城市。中小城市培育需要破解诸多的体制机制障碍，不论是中央还是地方，需进行务实机制创新，才能激发或者挖掘特大镇的发展潜力。各地发展阶段不同，对城镇发展的重点也不同，湖北和湖南重点建设城市圈，云南和贵州等重点发展城市，山西重点发展一批人口在10万人以上的大县城，逐步减少5万人以下的县城，开展"大县城"试点，建设形成数量合理的强县大县，促进人口向城镇集中。

小城镇是联系县市与村庄的纽带，是服务"三农"的前沿，是村庄布局优化的主要承接载体，因地制宜发展特色鲜明、产城融合、充满魅力的特色小城镇，是新时期城乡一体化的重要支点。《"十三五"规划纲要》中提出，通过扩权增能、加大投入和扶持力度，把具有特色资源、区位优势和文化底蕴的小城镇，培育成休闲旅游、商贸物流、现代制造、教育科技、传统文化、美丽宜居等特色小镇。住房和城乡建设部、国家发展改革委、财政部决定在全国范围开展特色小镇培育工作，在"十三五"期间，培育1000个左右各具特色、富有活力的特色小镇，引领带动全国小城镇建设。

特色小镇发端于浙江省。江苏省委书记、原浙江省长李强总结了浙江省在特色小镇建设方面的许多成功经验，一是特色小镇始于改革创新，成于改革创新。特色小镇不同于产业园区、风景区的"区"，不是行政区划单元上的"镇"，须摒弃行政化的思维定式、路径依赖和体制束缚，按照创新、协调、绿色、开放、共享发展理念，用改革与创新的精神推进规划、建设和运营，大胆探索，大胆试验，走出新路，形成"产、城、人、文"四位一体有机结合的重要功能平台。二是规划先行，在"特"上下功夫，在产业定位上，特色小镇力求"特而强"，而不是"大而全"；在功能叠加上，特色小镇力求"聚而合"，而不是"散而弱"；在建设形态上，特色小镇力求"精而美"，而不是"大而广"，力求做到"一镇一风格"。三是特色小镇的成败关键在于企业是否有动力，市场是否有热情，须坚持企业为主体、市场化运作的运营机制，实施优胜劣汰机制。四是政策扶持方面，政策突出个性，服务突出定制，把特色小镇定位为综合改革试验区，特色小镇优先上报国家的改革试点，优先实施国家和省里先行先试的改革试点，凡是符合法律要求的改革允许特色小镇先行突破。在未来五年，浙江省高标准建设100个左右产业支撑有力、高端人才集聚、具有独特文化内涵和旅游功能的特色小镇，目标瞄准万亿元级大产业，兼顾历史经典产业，坚持产业、文化、旅游和社区功能"四位一体"，实现生产、生活、生态融合发展。

推进城乡一体化发展是系统工程和长期任务，除新时期工作重点外，需要统筹兼顾，继续提升城市化质量，壮大特色县域经济，提高社会主义新农村建设水平，不断缩小城乡差距，为全面建成小康社会做贡献。

理 论 篇

Theoretical Features

B.2
湖北省城乡一体化进程浅析

邓万春*

摘　要：　中共十六大以来，湖北省的城乡一体化进程呈现明显的阶段性特征。第一阶段从 2002 年至 2006 年，为城乡统筹发展阶段；第二阶段从 2007 年至 2010 年，为城乡一体化起步阶段，湖北在全省范围内进行广泛的城乡一体化试点工作；第三阶段从 2011 年至 2015 年，为城乡一体化全面推进阶段，形成了一些城乡一体化发展战略；第四阶段从 2016 年起，这一阶段应该是湖北城乡一体化的深化、健全发展时期。

关键词：　湖北省　城乡一体化　进程

* 邓万春，武汉理工大学政治与行政学院教授、博士。

从 2002 年中央提出统筹城乡经济社会发展，拉开城乡一体化发展的序幕开始，湖北的城乡一体化至今已走过了十几年的历程。在此过程中，湖北的城乡一体化进程呈现较明显的阶段性特征，第一阶段从 2002 年至 2006 年，这一阶段为城乡统筹发展阶段；第二阶段从 2007 年至 2010 年，这一阶段为城乡一体化起步阶段，湖北在全省范围内进行广泛的城乡一体化试点工作；第三阶段从 2011 年至 2015 年，也就是"十二五"期间，这一阶段是城乡一体化全面推进时期，形成了城乡一体化发展战略，第四阶段从 2016 年起，这一阶段应该是湖北城乡一体化的深化、健全发展时期，目前这一阶段才刚刚开始。下面分别对这几个阶段进行介绍。

一 城乡统筹发展阶段（2002～2006年）

中央从 2002 年开始，提出统筹城乡发展的战略决策，在此决策指引下，湖北省积极启动了统筹城乡发展的进程。

2002 年 11 月，中国共产党第十六次全国代表大会在北京召开。十六大报告中明确提出了"统筹城乡发展"的理念，将统筹城乡发展作为全面建设小康社会的重大任务："全面繁荣农村经济，加快城镇化进程。统筹城乡经济社会发展，建设现代农业，发展农村经济，增加农民收入，是全面建设小康社会的重大任务。"2003 年 1 月在北京召开的中央农村工作会议指出："全面建设小康社会，必须统筹城乡经济社会发展，更多地关注农村，关心农民，支持农业，把解决好农业、农村和农民问题作为全党工作的重中之重。"2003 年 10 月 14 日，在中国共产党第十六届中央委员会第三次全体会议通过的《中共中央关于完善社会主义市场经济体制若干问题的决定》中，中央创造性地提出了"五个统筹"的理念，在五个统筹中，城乡统筹是第一位的："按照统筹城乡发展、统筹区域发展、统筹经济社会发展、统筹人与自然和谐发展、统筹国内发展和对外开放的要求，最大限度地发挥市场在资源配置中的基础性作用，增强企业活力和竞争力，健全国家宏观调控，完善政府社会管理和公共服务职能，为全面建设小康社会提供强有力的体制保障。"

中央在这几次重大会议中都明确提出了城乡统筹的决策，说明统筹城乡发展已经成为中国经济社会发展的战略决策，将指导未来的经济社会发展实践。而统筹城乡发展在很大程度上可以被视为城乡一体化发展的前奏或序幕，所以这里也从统筹城乡发展开始分析湖北省的城乡一体化发展进程。

在中央统筹城乡发展的重大战略决策指引下，湖北省迅速吹响统筹城乡发展的号角，投入城乡统筹发展的大潮。

湖北省的统筹城乡发展，首先从加大农业投入、减轻农民税费负担入手。2002年时，湖北省农业综合开发资金专项投入累计达35.42亿元，占固定资产总投资的71.54%。2004年，湖北省农业综合开发投入财政资金5.02亿元，2005年的财政资金投入比2004年增长14%。2003年，湖北全省农民人均税费支出90.10元，比2001年的140.17元下降50.07元。再加上人均退税计入转移性收入2.15元，两年内湖北农民人均税费支出实际下降52元以上，对农民全部纯收入增长的贡献率达到24.2%。[①] 2006年，国家正式废止了农民的农业税。

户籍制度改革。2003年，湖北省人民政府成立湖北省户籍管理制度改革工作领导小组，并于2004年正式启动湖北省户籍制度改革。改革放宽了城市准入和落户条件，在全省范围内取消了农业户口、非农业户口的差别，取消了地方城镇户口、蓝印户口、自理口粮户口、农场商品粮户口等户口类型，城乡居民统一登记为"湖北省居民户

---

① 夏春萍：《湖北省统筹城乡经济发展研究》，华中农业大学博士学位论文，2005年。

口"，由公安部门免费换发《居民户口簿》。

改革的具体措施包括：武汉市在2006年前改革逐步到位，其他市（州）取消进城指标限制，凡有固定住所、稳定职业或生活来源的公民均可到城市落户；大中专毕业学生被录（聘）用工作两年以上，以及具有中级以上职称、高级职业资格的技能人才，或在城市投资、建房或购房达到当地标准的，本人及直系亲属可在城市入户；未成年子女可自愿在父亲或母亲处落户；投靠配偶的，不受年龄、婚龄限制；父母投靠子女的，不受身边有无子女的限制；凡考取湖北省大中专院校（含技校）的湖北省籍学生，入学时户口可迁可不迁；不迁的，在校期间无须办暂住证。随着户籍制度的改革，附着在户口上的土地流转、义务教育、优抚安置等相关制度，也将进行配套改革。

统筹城乡就业。2006年，湖北省印发《湖北省统筹城乡就业试点工作指导意见》（以下简称《指导意见》），对统筹城乡就业开展试点工作。《指导意见》指出试点的目标是：建立城乡一体化劳动力市场和平等就业制度；健全覆盖城乡的公共就业服务体系；建立与城镇现行制度相衔接的农民工社会保险制度。试点的主要措施包括：试点期间，按照基本准入条件，允许下列类别人员在城镇落户：一是在城镇有合法固定住所和相对稳定职业或合法生活来源的农村人员；二是在城镇投资、兴办实业达到一定规模、符合当地落户标准的农村劳动者及直系亲属；三是在当地有突出贡献且获得县以上"劳动模范"、"先进工作者"等荣誉称号的农民工；四是大中专院校、技校毕业生和高技能人才；五是在城镇有遗产继承、能保障生活需要或有赡养义务的农村劳动者。《指导意见》下发后，试点工作随后在汉川、应城、石首、京山和潜江等八个市县展开。试点工作取得了明显的成效。然而，试点工作最核心的目标应该是为进城务工者转换身份，让符合条件的农民工可以在城镇落户。但具体实施办法对农民进城落户的条件限制仍显苛刻，例如必须是"在城镇投资入股，个人投资达10万元以上，合法经营1年以上，年盈利超过3万元的农村户籍劳动者"。

二 城乡一体化起步阶段（2007～2010年）

在这一阶段，国家正式提出了"城乡一体化发展"的口号和战略，湖北省响应国家号召，在全省范围内广泛开展城乡一体化发展试点工作。这一阶段可以视为湖北省城乡一体化进程的起步阶段。

2007年10月，中国共产党第十七次全国代表大会在北京召开。十七大报告中首次提出了"城乡经济社会发展一体化"的理念，指出："统筹城乡发展，推进社会主义新农村建设。解决好农业、农村、农民问题，事关全面建设小康社会大局，必须始终作为全党工作的重中之重。要加强农业基础地位，走中国特色农业现代化道路，建立以工促农、以城带乡长效机制，形成城乡经济社会发展一体化新格局。"2008年10月，在中国共产党第十七届中央委员会第三次全体会议通过的《中共中央关于推进农村改革发展若干重大问题的决定》中，中央更是鲜明地提出，我国的发展已经进入了城乡一体化发展的重要时期："我国总体上已进入以工促农、以城带乡的发展阶段，进入加快改造传统农业、走中国特色农业现代化道路的关键时刻，进入着力破除城乡二元结构、形成城乡经济社会发展一体化新格局的重要时期。"指出，要把城乡经济社会发展一体化作为新农村建设的根本要求："深入贯彻落实科学发展观，把建设社会主义新农村作为战略任务，把走中国特色农业现代化道路作为基本方向，把加快形成城乡经济社会发展一体化新格局作为根本要求。"从此前的城乡统筹发展到现在的城乡一体化发展，后者较前者显然是更进了一步，对经济社会发展中的城乡关系提出了更高的要求。

有了前一个阶段的城乡统筹发展基础后，湖北省也在国家的城乡一体化发展战略之下展开了自身的城乡一体化发展实践。湖北省的城乡一体化发展是从广泛地开展试点工作开始的。这种试点既有城市试点，又有农村试点。

2007 年 7 月，国家发改委在全国 8 省开展城乡一体化改革试点，湖北省的襄樊市和荆州江陵区入围此次试点城市。国家发改委的这次试点主要是从户籍制度、土地流转、农民就业和农民社会保障等方面进行城乡一体化的改革。

2008 年，湖北省在省内启动城乡一体化试点，将鄂州市确定为全省第一个城乡一体化试点城市。根据《鄂州市城乡一体化规划纲要（2008～2016 年）》，鄂州市城乡一体化的总体思路是：以"统筹城乡发展、构建和谐鄂州"为主题，以五项改革（户籍管理、劳动就业、社会保障、土地流转、农村综合体制）为突破口，加快推进"三化"（新型工业化、农村城镇化、农业产业化），逐步建立城乡一体的规划体系、产业体系、基础设施体系、市场体系、公共服务和社会管理体系，实现城乡经济社会全面协调发展，提高城乡人民的生活水平，积极探索出一条符合实际的城乡统筹发展之路，力争到 2016 年，在全省率先实现城乡一体化发展的基本目标。因为鄂州市的城乡一体化试点效果较好，2010 年湖北省将城乡一体化试点城市从鄂州 1 市扩大为 8 县（市、区），将仙桃、洪湖、监利、襄州、襄城、宜都、大冶、掇刀等 8 个县（市、区）纳入全省扩大试点范围。

2008 年 7 月，湖北省委、省政府印发《仙洪新农村建设试验区总体规划实施纲要》，决定在仙桃、洪湖、监利三市县所属的 14 个乡镇（办事处、管理区、工业园区）、47 个村建立全国第一个跨区域的、较大范围的、综合性的新农村建设试验区——仙洪新农村建设试验区。根据《仙洪新农村建设试验区总体规划实施纲要》，实验区发展的总体目标是：三年取得明显成效、提前三年实现全面小康目标，努力把试验区建设成湖北省深化农村改革的试验区，发展现代农业的示范区，建设社会主义新农村的先行区。具体目标是：农业农村经济持续发展，农民收入水平较大幅度提高；农村基础设施不断加强，农民生产生活条件明显改善；农村社会事业加快发展，公共服务水平逐步提高；村庄建设与环境整治全面开展，农村人居环境明显改善；乡风文明深入推进，民主管理不断健全。2009年5月，仙洪新农村建设试验区行政地域范围扩大到23个乡镇，将周边的9个乡镇（其中仙桃市2个，洪湖市2个，监利县5个）、322个村，纳入仙洪试验区建设范围。

2009年2月，湖北省立足统筹城乡区域协调发展，推动贫困山区脱贫奔小康，选择丹江口、五峰、保康、大悟、英山、通山和鹤峰等7个山区贫困县市，开展整县脱贫奔小康试点，力图将这7个县市打造成"全省脱贫奔小康示范县、山区新农村建设先进县"。

"两圈一带"发展战略的初步形成。"两圈一带"是指武汉城市圈、鄂西生态文化旅游圈和长江经济带。武汉城市圈的设想最早是2003年提出来的。2007年，国家发改委印发了《关于批准武汉城市圈和长株潭城市群为全国资源节约型和环境友好型社会建设综合配套改革试验区的通知》。武汉城市圈是以武汉市为中心，由武汉及周边100千米范围内的鄂州、黄冈、黄石、孝感、咸宁、仙桃、潜江、天门等9个市组成的区域城市经济联合体，是湖北省经济发展的核心区域和最具活力的地区。2008年11月，湖北省作出重大战略决策，打造"鄂西生态文化旅游圈"，开发和利用鄂西生态、民俗和文化等资源优势，打破该区域交通、体制、机制障碍，努力将这一区域打造成国内外知名的旅游区，以此促进鄂西地区的经济与社会发展。2009年7月，湖北省下发《关于加快湖北长江经济带新一轮开放开发的决定》。加快长江经济带新一轮开放开发的指导思想是：发挥长江黄金水道优势、加快新一轮沿江交通设施建设为基础，以推进新型工业化、新型城镇化为核心，以促进沿江特色产业发展为重点，以构建湖北"两圈一带"协调发展总体格局为目标，努力把湖北长江经济带建设成为与上下游经济区和国内外市场相联结、与武汉城市圈和鄂西生态文化旅游圈相融合、外向型经济与内生型经济相促进、开发与保护相结合，引领湖北乃至中部地区崛起的新型流域经济带。《关于加快湖北长江经济带新一轮开放开发的决定》的出台，标志着湖北省"两圈一带"总体战略的形成。

2009 年 3 月，湖北省省委在全省各级党政机关、国有大中型企业、高校与部分农村党支部中发起开展"城乡互联，结对共建"活动。联村单位帮助村党组织加强规范化建设、发展村级经济、改善农村生产生活条件。联户党员则帮扶困难党员群众，传递致富信息，帮助解决实际困难。①

2010 年湖北又启动了竹房城镇带建设试点。竹房城镇带是指以 305 省道为主轴，东起房县县城，西至竹溪县蒋家堰镇关垭 173 千米沿线，呈带状分布的城镇群。2010 年 7 月，湖北召开十堰市竹房城镇带建设规划工作会议，提出打造竹房百千米一线串珠城镇群的规划，规划涉及竹山、竹溪、房县 3 个县城和 18 个乡镇。规划以 2010 年为基准年，规划期为 2011 ~ 2015 年。

城乡一体化试点工作的保障机制。湖北省从 2008 年城乡一体化试点开始，将中央和省直各部门相关专项资金集中整合，采取包片、包点、定项目的方式，重点支持试点县、试点镇基础设施建设和产业发展。此外，省政府还出台了《全省城乡一体化试点工作考评办法》，对全省的试点市、县、镇进行考评。重点考评综合改革、产业发展、公共服务、社会管理、社会事业、工作组织推动 6 大类 23 项指标。

---

① 《湖北省开展"城乡互联、结对共建"活动初见成效》，《学习月刊》2009 年第 5 期上半月。

三 城乡一体化全面推进阶段（2011～2015年）

前一个阶段是湖北省城乡一体化的起步阶段，在起步阶段，湖北省为城乡一体化发展设置了很多试点，布了不少好局。而到了"十二五"时期，才真正是这些一体化试点和布局发挥其效应的时期。从上文的分析也可以看到，一些试点和布局的规划期限就延伸到了"十二五"时期，甚至更远，例如鄂州的试点规划是到2016年，竹房城镇带建设试点是规划到2015年，而像"两圈一带"这样的战略性规划，其期限则更为久远。因此，可以把湖北省"十二五"时期的城乡一体化发展称为城乡一体化全面推进阶段。

其实，从《湖北省国民经济和社会发展第十二个五年规划纲要》中就可以看出，"十二五"时期，湖北省着力于对城乡一体化起步时期的战略布局和规划进行全面落实和推进，以使其产生积极效应。例如，《十二五规划纲要》中明确提出要全面实施"两圈一带"总体战略。"两圈一带"发展战略是在城乡一体化起步阶段形成的，但是其全面实施却是在"十二五"时期。《十二五规划纲要》指出："两圈一带"战略是引领"十二五"乃至今后一个时期经济社会发展的总体战略。加快武汉城市圈"两型"社会综合配套改革试验区建设；大力推进资源节约、环境保护、城乡统筹等方面体制机制创新，形成"两型"社会建设体制机制。推动圈域基本公共服务均等化。加快鄂西生态文化旅游圈建设；推进圈域生态文化旅游资源整合，整体开发，区域联动。加快湖北长江经济带新一轮开放开发；加强沿江开放开发省际合作，推动长江经济带一体化发展。统筹城乡发展，大力推进城乡规划、产业发展、公共服务、基础设施、社会管理一体化。除了"两圈一带"，在城乡一体化起步阶段规划的鄂州等市县城乡一体化试点、仙洪加快推进新农村建设试点、竹房城镇带城乡一体化试点、山区县市脱贫奔小康试点都在《十二五规划纲要》中得到了重要关注，提出了各试点在"十二五"时期的城乡一体化发展目标和要求。

城乡一体化规划。2007年10月，全国人大常委会颁布《中华人民共和国城乡规划法》，实施了近20年的城市规划法同时废止。2011年10月，《湖北省城乡规划条例》正式施行。《湖北省城乡规划条例》的出台，表明此前城市和农村在规划上分而治之的历史结束，城市和乡村开始进入一体化规划的时期。根据《湖北省城乡规划条例》，除城市、镇规划外，所有乡及部分村庄，都要依法编制乡规划、村庄规划。规定"市（县）人民政府在编制市（县）域城镇体系规划时，应当提出市（县）域村庄布局的指导意见。编制镇总体规划、乡规划应当同步制定镇、乡的村庄布局规划"；规定"省人民政府及有条件的市（县）根据经济社会发展情况，适时组织编制城乡总体规划，推进城乡居民点和产业结构、基础设施以及社会事业的合理布局，科学协调发展，实现城乡规划全覆盖"。[①]

2011年2月，湖北省《十二五规划纲要》要求"大力推进湖北武陵山少数民族经济社会发展试验区建设"。随后，湖北省在恩施州举行了武陵山少数民族经济社会发展试验区建设的启动仪式。试验区包括恩施土家苗族自治州、宜昌市长阳和五峰两个土家族自治县等共10个县市。武陵山少数民族经济社会发展试验区建设，是湖北省探索集中连片特殊困难地区实现脱贫致富新路径的重要战略。

几乎在成立武陵山少数民族经济社会发展试验区的同时，湖北省还成立了大别山革命老区经济社会发展试验区。试验区的初期范围包括黄冈市的红安县、麻城市、英山县、罗田县、团风县、蕲春县，孝

---

① 郑文金：《推进城乡一体化——〈湖北省城乡规划条例〉解读》，《楚天主人》2011年第11期。

感市的大悟县、孝昌县等 8 个县市。2012 年，湖北省扩大试验区范围，将黄冈市所属的黄梅县、武穴市、黄州区、浠水县，县级龙感湖农场，随州市的广水市，武汉市的黄陂区、新洲区，孝感市的安陆市、双峰山旅游度假区等纳入了试验区范围。于是，大别山革命老区经济社会发展试验区共涉及 4 个市、18 个县（市、区）。湖北将把试验区建成全国革命老区经济社会发展先行区、全省统筹城乡发展试验区和生态保护示范区。

2010 年，湖北荆门屈家岭现代农业示范区"屈家岭·中国农谷"总体规划通过了农业部审批。2011 年，湖北省委书记李鸿忠对"中国农谷"建设做出重要批示，要求要将"中国农谷"作为荆门发展的一面旗帜。中国农谷，定位为"湖北战略，荆门实施"。建设范围涵盖荆门市管辖的东宝区、掇刀区、漳河新区、京山县、沙洋县、钟祥市和屈家岭管理区。"中国农谷"建设将努力打造"产业之谷、绿色之谷、创新之谷、富民之谷"，前期目标是到 2015 年时力争"中国农谷"初具雏形，远期目标是到 2020 年时力争在全省率先实现农业现代化。

2011 年 11 月，湖北发布《关于实施"壮腰工程"加快荆州振兴的意见》。意见提出：按照"三年见成效、五年大跨越、十年大振兴"的总体要求，努力把荆州建设成江汉平原中心城市、长江中游重要的机械制造及化工基地和综合交通运输枢纽、长江中游经济带重要的经济增长极、中部乃至全国重要的优质农产品生产加工基地和全国著名的荆楚文化传承创新展示区，使荆州成为湖北长江经济带的"钢腰"。

四 城乡一体化深化、健全发展阶段（2016年至今）

经过"十二五"时期城乡一体化战略的全面推进，湖北省的城乡一体化发展格局基本形成。湖北省《十三五规划纲要》指出：区域发展更加协调，多级带动、多极支撑、城乡一体发展格局基本形成。城乡一体化格局形成后，下一步的城乡一体化工作自然就是在现有格局的基础上深化和健全。因此这一阶段可以称为湖北省城乡一体化的深化、健全发展阶段。因为这一阶段才刚刚开始，所以对这一阶段的介绍主要是前瞻性的。

湖北省《十三五规划纲要》提出了"十三五"时期城乡一体化发展的基本任务和目标：坚持以人的城镇化为核心，坚持产城融合、"四化"同步，坚持工业反哺农业、城市支持农村，健全城乡一体化发展体制机制，推进城乡要素平等交换、合理配置和基本公共服务均等化；推进城乡规划体系与制度创新，建立具有湖北特色的城乡全域综合规划体系；深化户籍制度改革，全面放开建制镇和小城市落户政策，有序放开大中城市落户限制，合理引导武汉市人口均衡布局，促进有能力在城镇稳定就业和生活的农业转移人口举家进城落户，并与城镇居民享有同等权利。加快城乡一体化发展。促进城乡公共资源均衡配置，完善提升小城镇功能，健全农村基础设施投入长效机制，把社会事业发展重点放在农村和接纳农业转移人口较多的城镇，推动城镇公共服务向农村延伸。

可以看出，湖北省"十三五"时期的城乡一体化目标和任务较前一时期有了更高的要求，强调健全城乡一体化发展的体制机制，提出城乡全域综合规划，强调城乡一体化制度、理念的深化。制度的深化如户籍制度；理念的深化如强调人的城镇化，强调公共服务和公共资源的均等化和均衡配置。这与此前的城乡一体化强调经济发展指标的理念相比是一个大的进步，是一种深化。理念深化的另外一个表征是在"十三五"时期城乡一体化发展有了新的指导性理念，即"五大发展理念"。2015年12月召开的湖北省新农村建设暨城乡一体化工作会议提出：以中共十八届五中全会提出的"五大发展理念"统领新时期新农村建设和城乡一体化发展。"五大发展理念"即创新、协调、绿色、开放、共享理念。五大发展理念是指导我国经济与社会发展的新理念，以"五大发展理念"统领城乡一体化发展，将湖北省的城乡一体化发展带到了一个新的境界、一个新的层次，一个新的高度。

B.3
我国扶贫开发治理体系的
演进与完善对策

梁 怡*

摘 要: 扶贫开发作为我国政府主导的一项重要民生工程，是
国家治理体系和治理能力的重要且特殊的组成部分。
本文以扶贫开发治理体系的基本内涵与外延为基础，
对我国扶贫开发治理体系的演进历程进行梳理，针对
当前扶贫开发治理体系建设中存在的问题，提出相应
的完善对策建议。

关键词: 扶贫开发 治理体系 演进 完善对策

扶贫开发作为我国政府主导的一项重要民生工程，是国家治理体
系和治理能力的重要且特殊的组成部分。推进扶贫治理体系和治理能
力现代化是当前扶贫开发工作形势发展的现实需要，不仅有利于丰富
和完善中国特色社会主义制度，更关系全面建成小康社会战略目标的
顺利实现。本文以扶贫开发治理体系的基本内涵为基础，对我国扶贫
开发治理体系的发展历程进行梳理，针对当前扶贫开发治理体系建设
中存在的问题，提出完善对策建议。

---

* 梁怡，中国科学院地理科学与资源研究所。中国国际扶贫中心副主任黄承伟博士对本文提出
了宝贵意见和建议，在此深表感谢。

一 扶贫开发治理体系的内涵与外延

国家治理体系和治理能力的现代化，就是使国家治理体系制度化、科学化、规范化、程序化，使国家治理主体善于运用法治思维和法律制度治理国家，从而把中国特色社会主义各方面的制度优势转化为治理国家的效能。这是扶贫开发治理体系内涵与外延的出发点和落脚点。

（一）扶贫开发治理体系的基本内涵

扶贫开发是国家治理中政府主导的一项重要民生工程，扶贫开发治理体系与治理能力的现代化是国家治理体系和治理能力现代化的重要组成部分。

改革开放尤其是进入 21 世纪以来，我国扶贫开发取得了举世瞩目的成就，也逐渐摸索出了一套符合中国实际、具备中国特色的扶贫开发工作经验和做法。按照对国家治理体系的基本内容和内涵的理解，我们认为，扶贫开发治理体系，就是指扶贫治理的制度、法律、组织、管理等在扶贫开发过程中建立的体制和机制体系，包括政府主导、社会参与、全民动员等不同层次，经济建设、文化进步、生态补偿等不同领域的治理关系。

扶贫开发治理体系现代化是指通过不断深化改革和体制机制创新，依托扶贫开发治理体系的制度化、科学化和规范化，使扶贫开发能够不断适应新的形势变化，始终保持高效的工作效率，有效帮助扶贫对象脱贫致富，实现全面建成小康社会的政治目标。

（二）扶贫开发治理体系外延

1. 法律体系和制度体系建设是扶贫开发治理体系现代化的重要保障

国家扶贫开发治理的法律体系，是扶贫开发治理体系的重要内容之一，这是贯彻依法治国的基本要求，也是市场经济发展的必然要求。在坚持依法治国的基本方略下，扶贫开发治理同样要依靠法律来推进和保障，缺乏法律保障，扶贫治理就难以有序、健康推进，只有进一步完善扶贫治理的各项法律制度，才能有效保障扶贫开发治理体系现代化的实现。

2. 扶贫开发机制创新是新时期扶贫开发治理体系现代化的重要内容和任务

2013年12月底，中共中央办公厅、国务院办公厅印发了《关于创新机制扎实推进农村扶贫开发工作的意见》（以下简称25号文件），明确了创新新时期扶贫开发机制的六项工作内容。这六个方面的机制创新，是国家全面深化改革的指导思想在扶贫开发领域的重要体现，包含扶贫主体考核、扶贫对象帮扶、扶贫参与机制等方面完善方向和内容。深化改革，推进扶贫开发治理体系现代化，必须以这六项机制创新为重要内容和任务。

3. 十大重点工程是加快推进扶贫开发治理体系现代化的重要载体和抓手

25号文件明确了如安全饮水、基础设施、产业扶贫、信息建设等十个领域的扶贫开发重点工作，基本涵盖了新时期扶贫开发的"硬骨头"。这十个方面内容的集中攻坚，是国家扶贫治理能力现代化在公共服务等领域能力现代化的集中表现。通过在这些重点领域的改革创新，有利于进一步推进扶贫开发治理体系和治理能力现代化。

二　我国扶贫开发治理体系的演进及问题

新中国成立之初，我国处于百废待兴的局面，全国面临普遍的贫困问题，尤其是农村地区。该阶段的农村贫困问题是由普遍的经济落后造成的。因此，中国政府把解决温饱、提升人民的生活质量作为主要施政纲领之一，通过经济建设和制度改革推动经济发展来实现减贫。一是通过逐步构筑起比较完整的工业体系和国民经济体系，为加快经济发展奠定了根本经济基础；二是通过进行土地改革，实现耕者有其田，为根本解决温饱提供了产权基础；三是初步建立了农村社会保障和教育、卫生体系，为改善人民生活条件打下了制度基础①。

1978 年，中国启动改革开放的进程。伴随着改革开放的实行，中国政府于 20 世纪 80 年代初开始实施"三西"地区小规模农村扶贫，这是我国第一个正式的农村扶贫战略②，由此开启了我国有计划、有步骤、系统性的扶贫开发，扶贫开发和治理体系开始形成与发展，其演进特点体现在治理结构体系、治理功能体系、治理制度体系、治理方法（手段）体系以及治理运行体系等方面③。

（一）1978～1985年体制改革推动减贫阶段

按照官方统计，这个阶段，农民人均纯收入增长 2.5 倍，农村贫困人口从 1978 年的 2.5 亿减少到 1985 年的 1.25 亿，平均每年减少 1786 万④。该阶段，我国开始了以区域为瞄准对象，开展小规模扶贫开发的尝试。1980 年，财政部设立"支援不发达地区发展基金"，资金规模为 5 亿元人民币；1982 年，中央正式设立"'三西'农业建设计划"，设立"三西"农业建设专项补助金，每年 2 亿元人民币⑤。

在这个阶段主要是通过体制改革促进经济发展，进而通过经济发展的溢出效应来带动减贫。改革先从农村开始，以土地家庭承包经营

① 黄承伟：《我国改革开放以来农村反贫困的进程及基本经验》，《扶贫开发》2013 年第 12 期。
② 李小云：《我国农村扶贫战略实施的治理问题》，工作论文（working paper），2013。
③ 陶希东：《国家治理体系应包括五大基本内容》，《学习时报》2013 年 12 月。
④ 《中国发展报告（2007）：在发展中消除贫困》，中国发展出版社，2007。
⑤ 刘亚桥、杨军、曹子坚：《甘肃省扶贫开发模式的回顾与探讨》，《甘肃理论学刊》2004 年第 3 期。

为基础的家庭联产承包责任制取代僵化的集体化模式，农产品价格和市场放开，乡镇企业开始建立，大大地解放和发展了生产力，农业生产效率极大提高。在城市，以建立现代企业制度为导向的国有企业改革启动。对外开放政策的实行，促进东部沿海地区率先发展，由此开始带动中国的经济整体实现发展。经济发展的溢出效应，使得农村的贫困问题大为缓解。

从扶贫的治理方法或手段来看，主要是采取解除和放松制度管制的方法①。这种扶贫治理方法的作用机制是，通过放松管制来促进流动性，进而促进市场化进程，从而实现经济增长并带来普惠性影响。

（二）1985～2000年大规模开发式扶贫阶段

农村贫困发生率继续持续下降，贫困人口从 1985 年的 1.25 亿减少到 2000 年的 3209 万，15 年期间贫困人口减少了 8000 多万。但农村减贫的难度开始加大，贫困发生率的下降速度放缓。1978～1985年，年均减贫人口 1786 万；但 1985～1990 年，年均减贫人口降为800 万，而 1991～1995 年甚至一度降为 392 万，1996～2000 年才上升至 666 万②。

农村减贫难度加大的主要原因是，农村体制改革的溢出效应在1986 年以后开始下降，农民收入的增幅放缓，例如，1978～1985年，农民实际收入年增长 10.02%，而 1986～1995 年，农民实际收入的年增长率则降为 3.6%。同时，由于改革开放以后的中国经济发展战略采取效率优先的原则，农村内部的收入差距、城乡之间的收入差距以及中西部与东部沿海地区的差距，都在逐渐扩大并不断加剧。

---

① 黄承伟：《我国改革开放以来农村反贫困的进程及基本经验》，《扶贫开发》2013 年第 12期。

② 《中国发展报告（2007）：在发展中消除贫困》，中国发展出版社，2007。

1986年，中国政府开始实施大规模开发式农村扶贫。开发式扶贫，"就是反贫困行动要始终注重引导贫困地区和贫困群众以市场为导向，调整经济结构，开发当地资源，发展商品生产，提高自我积累、自我发展能力；注重综合开发、全面发展，促进基础设施建设和经济社会协调发展；注重可持续发展，加强资源保护和生态建设，控制人口过快增长。"① 为实施开发式扶贫战略，1986年中国政府特成立"国务院贫困地区经济开发领导小组"（1993年改名为"国务院扶贫开发领导小组"并沿用至今），作为专门协调、领导全国扶贫工作的领导小组，下设办公室负责办理日常工作；各级地方政府也相应设立垂直下属机构，由此建立起扶贫治理的专门行政体系。

1994年，中国政府开始实施我国历史上第一个有明确目标、明确对象、明确措施和明确期限的扶贫开发行动纲领——"八七扶贫攻坚计划"。开发式扶贫战略的贫困治理机制是通过瞄准区域来实现减贫效果，因此国家开始设立贫困线，并确立贫困县。1986年国家把人均年收入150元作为贫困线，以此为根据全国确立了273个国家级贫困县。伴随着"八七扶贫攻坚计划"的实施，国家级贫困县的数目由273增加到592个（国家级贫困县的名称改为"国家扶贫开发重点县"，名称的变化也反映了中国扶贫治理理念的变化）。

从扶贫的治理手段来看，这一阶段中国政府除继续深化市场机制改革作为扶贫治理的基础机制外，开始引入行政治理的力量，直接依托手段就是计划和财政。这一阶段扶贫开发治理体系完善的主要理念是：以市场机制为基础，通过行政手段对经济发展的不平衡进行治

---

① 黄承伟：《我国改革开放以来农村反贫困的进程及基本经验》，《扶贫开发》2013年第12期。

理。具体运作就是凭借计划和财政权力，通过设置贫困县和贫困线来识别、瞄准贫困区域和农户，对之进行优惠投入来缓解贫困。但结果是，政策预期不可避免地与市场机制产生了不可调和的矛盾。首先，市场的规则是竞争，因此以市场机制为作用基础的开发式扶贫能否取得预期效果，就取决于目标群体的能力优劣，于是贫困县、贫困村里的富裕农户就更容易胜出而受益，而贫困农户受益较小。其次，由当时的乡村治理机制决定，村庄里的精英凭借其政治、经济和社会方面的影响力，更容易俘获到优惠性扶贫资源[1]。因此，理念方面存在的悖论，使得这一阶段的开发式扶贫战略在实施中不可避免地带来了治理困境。

（三）2001~2010年以"村"为瞄准单元的开发式扶贫阶段

从 2001 年开始，中国开始实施第一个十年扶贫开发纲要，中国的农村减贫进入一个新阶段。全国农村扶贫标准从 2000 年的 865 元人民币逐步提高到 2010 年的 1274 元人民币。按此标准衡量的农村贫困人口数量，从 2000 年底的 9422 万人减少到 2010 年底的 2688 万人；农村贫困人口占农村人口的比重从 2000 年的 10.2% 下降到 2010 年的 2.8%[2]。农村绝对贫困人口数量降至 1000 万以下，农村居民的温饱问题基本解决。

这一阶段的减贫成就的取得除了农村扶贫开发战略实施的贡献外，主要得益于以下两个方面：

一是持续的宏观经济增长以及所带来的农村劳动力的流动。"十五"期间，农村劳动力非农产业从业人数从 2000 年的 1.52 亿，增加到 2005 年的 2.04 亿；"十一五"期间，虽然受到了国际金融危机影

---

[1] 陈前恒：《农户动员与贫困村内部发展性扶贫项目分配——来自西北地区 H 村的实证研究》，《中国农村经济》2008 年第 3 期。

[2] 《中国农村扶贫开发的新进展》白皮书。

响，但2008年非农产业从业人数也一度高达1.99亿[1]。与之相对应，农业收入占农民人均收入比重也持续下降。2000～2005年，农村居民人均纯收入由2253元增加到3255元，增加1002元，增长44.4%，扣除价格因素，年均实际增长5.2%。其中，人均工资性收入2005年达到1175元，比2000年增加473元，对农民人均纯收入增长的贡献率为47.2%；2005年，人均农业收入达到1098元，比2000年增加264元，对农民人均纯收入增长的贡献率仅为26.3%[2]。2005～2010年，农村居民人均纯收入由3255元提高到5919元，年均增长12.7%，扣除价格因素，年均增长8.9%。其中，2010年农村居民的工资性收入人均2431元，比2005年增加1257元，年均增长15.7%；而人均农业收入2231元，比2005年增加761元，增长51.8%，年均增长8.7%[3]。上述数量变化表明，在农民的收入结构中，非农收入开始占主导地位，农民收入的增长基本依靠非农收入的增长，也就是农村贫困的缓解更加依赖非农产业的发展。

二是取消农业税以及各种转移性支付的实行。农业税费改革和取消农业税对于贫困和低收入农户的收入增长贡献显著。一费制改革、"两免一补"、新农合、农村低保和农村养老等扶贫措施的实施，都对缓解贫困产生了积极影响。这些具有保障性的措施，对开发性措施具有补充作用，实施中不仅覆盖了农村中社会保护意义上的穷人，还包括了相当数量的开发式扶贫的对象。

从治理体系来看，"整村推进"是本阶段开发式扶贫战略的核心，贫困村成为扶贫开发的瞄准对象；此外，由于社会保障和救助已

---

① 杭州市政府研究室：《"十二五"及中长期农村劳动力转移趋势研究》，http://www. hangzhou. gov. cn/main/tszf/dywj/T333352. shtml。

② 《"十五"时期农村居民生活水平进一步提高——"十五"时期我国社会经济发展回顾系列报告》，http://www. qhei. gov. cn/xxkd/rdzt/swfzcj/201305/t20130524_ 242402. shtml。

③ 《"十一五"期间，我国农村居民人均纯收入的名义增长率》，http://gongwuyuan. keke100. com/subjects/1/questions/910758。

经开始在扶贫中发挥重要作用，因此本阶段的治理手段较以前更趋多样化，治理主体也呈现多元化，专项扶贫、行业扶贫和社会扶贫的大扶贫格局形成。

具体来看，政府专门扶贫机构的作用得到强化，综合运用易地扶贫搬迁、整村推进、以工代赈、产业扶贫、就业促进、扶贫试点、革命老区建设等项目和措施，系统、有序地推进全国的扶贫开发工作。行业扶贫方面，农业、卫生、教育、交通、民政等不同部门都基于自身业务制订出与扶贫相关的计划，对于贫困地区发展特色产业、开展科技扶贫、完善基础设施、发展教育文化事业、改善公共卫生和人口服务管理、完善社会保障制度、重视能源和生态环境建设等发挥了巨大作用。社会扶贫方面，中国政府通过加强定点扶贫、推进东西部扶贫协作、发挥军队和武警部门的作用、动员企业和社会各界参与扶贫等，整合全社会的力量参与到扶贫开发的世纪社会工程中来，对于缓解农村贫困发挥了不可或缺的作用。

但是，由于贫困人口规模巨大、贫困分布地区差异性较大以及致贫因素复杂等原因，扶贫治理体系在具体运行中依然存在不足。首先，"整村推进"扶贫开发战略以贫困村为瞄准机制，其根本目的还是希望通过以村为瞄准单元，覆盖更多穷人，并保证扶贫资源到户的有效实现。但是，以"村"为瞄准单元，固然比"县"更精确，但本质上仍然属于"区域"，仍然不能保证扶贫资源准确到户。虽然整村推进战略下贫困村的农户平均收入增长高于非贫困村，但是，贫困村内受益的主要是富裕农户[①]。这表明，扶贫开发在缓解农村贫困的同时反而加剧了农村内部的收入不平等。其次，随着扶贫开发中保障和救助机制的建立，缺乏严格、明确的准入和退出机制以确保公平以及资源的有效

---

① 汪三贵、Albert Park，ShubhamChaudhuri，GauravDatt：《中国新时期农村扶贫与村级贫困瞄准》，《管理世界》2007 年第一期。

使用。以农村低保为例，由于缺乏有效治理手段，在某些地区的农村已经成为村干部巩固自己地位和增加个人影响力的工具。最后，治理主体的多元化在壮大扶贫力量的同时，也带来协调和治理成本的上升，从而也导致了扶贫效益的下降。同时，条块分割的资金管理和投入模式，使得整合资金面临许多障碍。在调研中有基层干部反映，虽然对于国家扶贫开发工作重点县，国家每年通过各种渠道有好几亿元的扶贫资金，但真要发展产业，整合几千万元都比较困难。

（四）从2011年开始，以精准扶贫为核心的减贫新阶段

2011年，中国政府颁布实施《中国农村扶贫开发纲要（2011～2020年)》，扶贫开发的主要任务从解决温饱，转为巩固温饱成果、加快脱贫致富、改善生态环境、提高发展能力、缩小发展差距。实施新的国家农村扶贫标准，农村扶贫对象的规模在2011年底为1.22亿，占农村户籍人口的比重为12.7%；把自然地理相连、气候环境相似、传统产业相同、文化习俗相通、致贫因素相近的贫困县连片确定了14个集中连片特殊困难地区，作为扶贫攻坚的主战场。

以片区为主战场的思想实际上是把瞄准单元重新定回区域，但是如何在新片区基础上有效瞄准穷人的问题依然没有得到解决。此外，在城镇化和工业化进程推进的大背景下，农村的主要劳动力大多都处于流动状态，农村留守的大多为老人、妇女、儿童等劳动力不足的人口。因此，开发式扶贫战略可能因为缺乏承载主体，而作用受限，由此对于扶贫开发治理体系提出了新的挑战。

三　完善扶贫开发治理体系的对策建议

（一）深刻认识完善扶贫开发治理体系的重大意义

从宏观的国家层面来看，党的十八届三中全会提出我国全面深

化改革的总目标是完善和发展中国特色社会主义制度、推进国家治理体系和治理能力现代化。置身全面深化改革开局之年的历史新方位，要全面理解准确把握，全面深化改革的总目标即意味着国家各项事业、各个领域工作，包括扶贫领域工作的开展都要紧紧围绕于此。

从中观的减贫事业层面来看，消除贫困，改善民生，实现共同富裕，是社会主义的本质要求。扶贫开发工作旨在解决好人民群众最关心、最直接的利益问题，是深层次的国家治理，有事半功倍之效。全面建成小康社会，最艰巨、最繁重的任务在农村特别是在贫困地区。实现《中国农村扶贫开发纲要（2011～2020 年)》提出的奋斗目标，深入贯彻党的十八大和十八届二中、三中全会精神，扶贫开发工作被摆到了更加重要、更为突出的位置，也成为国家治理体系和治理能力的重要内容。

从微观的扶贫开发工作本身来看，其在推进国家治理体系和治理能力现代化中具有重要作用。扶贫治理模式是由政府、市场与公民社会相互耦合所形成的一种整体性的制度结构模式。它们是由不同的制度安排、组织形态和治理结构构成的制度系统，共同维系着扶贫领域的秩序治理，并在此基础上协调资源配置。良好的扶贫治理是促进经济社会发展的关键因素，其能有效协调政府、市场与公民社会之间的关系，使之形成一种互惠与共生的状态。随着经济社会形势的变化，扶贫开发事业也在发展中被不断赋予新的历史定位，其自身发展需要也要求进行改革创新。过去合理的做法现在可能已经不再适应，以前长期有效的目前可能开始失灵。扶贫开发工作应主动适应时代变化，既改革不适应实践发展要求的体制机制，又不断构建新的内容，才能使扶贫各方面制度更加科学、更加完善，实现扶贫治理制度化、规范化、程序化，最终把扶贫的制度优势转化为国家治理的效能。

（二）明确完善扶贫开发治理体系目标和总体要求

党的十八大以来，习近平总书记和李克强总理先后多次深入贫困地区调研，就扶贫开发工作发表了一系列重要讲话，深刻阐明了新时期我国扶贫开发的重大理论和实际问题，体现了党中央、国务院对扶贫开发工作的高度重视。25号文件更是对加强扶贫开发治理体系与治理能力建设提出了新要求。

——明确根本方向。现代化的扶贫开发治理体系将协同政府、市场、社会等多方力量，始终以消除贫困为首要任务，以改善民生为基本目的，以实现共同富裕为根本方向。

——突出培育环境。现代化的扶贫开发治理体系将统筹顶层设计与基层实践，国家层面加大对跨区域重大基础设施建设和经济协作的支持，加强生态保护和基本公共服务，地方层面要优化整合扶贫资源。不断完善有利于贫困地区和扶贫对象加快发展的扶贫战略和政策体系，实现城乡统筹发展。

——加强改革创新。现代化的扶贫开发治理体系将着力消除体制机制障碍，建立并运用好更加协调、更有效率、更可持续的扶贫开发新体制、新机制，不断提升扶贫效能。

——精确目标瞄准。现代化的扶贫开发治理体系将提高扶贫目标瞄准的有效性和针对性，并辅以动态管理，将微观的帮扶措施与宏观的市场经济环境对接，让发展成果充分落到贫困户身上。

——提升主体能力。扶贫主体治理能力的现代化包括提高主体的决策、管理、执行和监督能力等，以及推进其扶贫方式方法、资源动员与要素配置能力的现代化。

——提升客体能力。扶贫客体治理能力的现代化包括提高贫困人口的自我发展能力，体现以人为本、以贫困人口的需求为导向，发挥其主观能动性。只有内生能力和"造血"功能不断增强，发展才具有可持续性。

（三）以机制创新为着力点，推进扶贫开发治理体系现代化

一是要加强扶贫制度体系的建设，弥补制度全面性的不足；二是要加快扶贫法制化进程，推动扶贫立法；三是要改革创新扶贫开发机制，包括设立贫困县考核指标、确定贫困县退出条件、加强干部驻村帮扶、管理扶贫资金、完善金融服务、创新社会参与的机制等；四是要完善扶贫开发政策体系，包括合理划分中央和地方扶贫事权，完善生态补偿政策，统筹外围的惠农利贫政策等。

参考文献

［1］许海清：《国家治理体系和治理能力现代化》，中共中央党校出版社，2013。

［2］何显明：《政府转型与现代国家治理体系的建构》，《浙江社会科学》2013 年第 6 期。

［3］江必新：《推进国家治理体系和治理能力现代化》，《光明日报》2013 年 11 月 15 日。

［4］周平：《国家治理体系现代化是全面深化改革的必然要求》，《人民日报》2014 年 1 月 10 日。

［5］王嘉让：《努力推进国家治理体系和治理能力现代化》，《陕西日报》2013 年 11 月 15 日。

［6］中国国际扶贫中心：《论全面推进扶贫治理体系和扶贫治理能力现代化建设》，《中外减贫信息摘要》2014 年第 4 期。

［7］新华社评论员：《把握改革总目标，推进国家治理现代化——学习贯彻习近平总书记在省部级专题研讨班重要讲话》，http：//news. xinhuanet. com/2014 –02/21/c_ 119450750. htm。

［8］江必新：《推进国家治理体系和治理能力现代化》，http：//news. gmw. cn/2013 –11/15/content_ 9493225. htm。

［9］人民日报评论员：《深刻理解全面深化改革总目标——一论学习贯彻习近平在省部级专题研讨班重要讲话》，http：//opinion. people. com. cn/n/2014/0219/c1003－24398452. html。

［10］人民日报评论员：《准确把握国家治理现代化——二论学习贯彻习近平在省部级专题研讨班重要讲话》，http：//opinion. people. com. cn/n/2014/0220/c1003－24410440. html。

［11］人民日报评论员：《走自己的路，坚定制度自信——三论学习贯彻习近平在省部级专题研讨班重要讲话》，http：//opinion. people. com. cn/n/2014/0221/c1003－24422148. html。

［12］人民日报评论员：《大力弘扬社会主义核心价值观——四论学习贯彻习近平在省部级专题研讨班重要讲话》，http：//cpc. people. com. cn/n/2014/0222/c64094－24433744. html。

［13］人民日报评论员：《全面领会和落实三中全会精神——五论学习贯彻习近平在省部级专题研讨班重要讲话》，http：//cpc. people. com. cn/pinglun/n/2014/0223/c78779－24437353. html。

B.4
西部欠发达山地新型城镇化研究

——以贵阳市为例

李　倩[*]

摘　要：　本文从我国当前新型城镇化发展现状入手，分析了西部山地新型城镇化发展的特点，以贵阳市为例，对城镇化发展的现状进行了深入剖析，提出贵阳市发展新型城镇化还存在城镇就业吸纳能力相对较弱、城市用地效益有待提高、体制与政策支撑体系还需完善以及绿色城镇化发展压力大四个方面的突出问题，最后对新型城镇化的发展提出城镇群建设、产业发展、小城镇建设和生态保护等七个方面的思路和战略。

关键词：　西部山地城镇化　新型城镇化　产业吸纳能力　生态保护

一　我国新型城镇化发展现状

改革开放以来，我国城镇化进入高速发展期，城镇化水平由1978年的17.9%提高到2014年的54.7%，这是我国历史上最大规模

＊　李倩，女，同济大学建筑与城市规划学院博士后，住房和城乡建设部城乡规划管理中心，研究员。

的人口迁徙，也创造了人类历史上规模空前的城镇化进程。从"上山下乡"，到"城市领导农村"，再到"小城镇、大战略"，从城市优先到城乡协调，从高能耗城镇化到新型城镇化，从"土地城镇化"到"人口城镇化"，城镇化引领了经济社会发展，也使人们对城市的未来充满期待。三十年来我国城镇化的发展取得了巨大的成就。一是城镇人口快速增长，由1978年的1.72亿增加到2014年的7.49亿，我国步入城市型国家行列。据测算，城镇化率每年提高1个百分点，就可以吸收1000多万农民入城，进而带动约1500多亿元消费需求。二是城镇数量不断增加，特大城市、大城市发展迅速，2014年末，中国共有653个设市城市，其中直辖市4个、副省级城市15个、地级市273个、县级市361个，各级城市总的行政辖区面积约占中国国土面积的一半，建制镇增加至20401个，其中超大城市5个、特大城市6个、大城市69个，初步形成了以特大城市为龙头、大中城市为骨干、小城市和小城镇为基础的城镇层级结构，以及不同规模、等级、功能的城镇相互联系、共同发展的局面。三是城镇经济持续增长，大规模农村人口进入城市，为缩小城乡收入差距、融通城乡资源发挥了重要作用。目前，农民外出务工收入普遍占到了家庭纯收入的40%以上，城镇化过程中提供的大量就业岗位成为农民增加非农收入、提高生活水平的主要渠道。

二　西部山地地区城镇化发展特点

西部欠发达山地地区地形地貌复杂，气候变化大，属于自然灾害严重、生态环境脆弱的地区，人类的生产生活活动对当地的生态环境影响较大，从近十年来全国的城镇化水平看，西南部地区城镇化率的增幅与东部、中部地区相比差别不大，2000年以来特别是2005年以来西部地区城镇化水平增速较快，2005年后西部地区城镇化速度加快且与东部差距有所缩小，2000～2014 年，西部地区城镇化水平提高了约 19 个百分点，但西南部的城镇化发展基础薄弱，发展水平相对较低。

西部地区每年都有大量农民工到东部等其他地区务工，农业剩余劳动力向区外的转移使得西部地区常住人口数量下降，因此西部地区的城镇化率受到这部分外出务工人员影响高于实际发展水平。其中人口规模和密度较大的西南地区农村劳动力转移规模大于西北地区，西南地区常住人口与户籍人口之差占西部地区的 80% 以上，因此大量农村剩余劳动力向区外转移是西南地区城镇化发展较快的原因之一。

中央城镇化工作会议将加快中西部地区城镇化发展列为推进我国新型城镇化发展的重点任务之一。西部地区城镇化发展水平最低，推进西部地区城镇化进程对于优化全国国土空间开发格局和提高全国城镇化质量具有重要意义。特殊的自然地理条件和经济社会发展基础使得西部地区城镇化具有不同于其他地区的特点，需要在充分把握这些特点的基础上推进西部地区城镇化有序、健康发展。

三　贵阳市城镇化发展现状

贵阳市认真贯彻党的十八大、中央城镇化会议精神，按照贵州省《关于加快推进小城镇建设的意见》《关于加快 100 个示范小城镇改革发展的十条意见》等文件精神，始终把推进新型城镇化建设作为推进现代化进程的重要战略之一，在经济社会发展方面取得了显著成就，主要表现在以下方面。

（一）城乡经济快速发展，城镇化率持续提高

2010 年以来，贵阳市经济发展保持高速增长态势，全市生产总值从 2010 年的 1121. 82 亿元增长到 2014 年的 2497. 27 亿元；全年财

政总收入从 2010 年的 304.64 亿元增长到 2014 年的 654.69 亿元，翻了一番有余；全年全社会固定资产投资从 2010 年的 1019.31 亿元增长到 2014 年的 2336.06 亿元，增长一倍以上。经济的快速增长为城镇化的高速发展提供了坚实的经济支撑。

近年来，贵阳市更加重视城镇化建设。2011 年 9 月，贵阳市委、市政府下发《关于加快推进城镇化发展的意见》，提出按照"加速发展、加快转型、推动跨越"的主基调，高起点抓规划，科学构建城镇体系；高质量抓建设，提升城镇综合承载能力；高标准抓管理，建立城乡一体化体制机制；高效益抓经营，实现经济价值最大化、城市形象提升最大化、产业提速最大化和使用价值最大化，至"十二五"期末，贵阳市域城镇化率达到 75%。

（二）城乡居民收入大幅提升，各项事业稳步推进

从《贵阳市国民经济和社会发展统计公报》可以看出，从 2010 年到 2014 年，贵阳市城乡人民生活水平得到了明显提高，一些突出的民生问题逐步得以解决。2010 年，城镇居民人均可支配收入达到 16597 元，其中，农村居民人均纯收入 5976 元；2014 年，全年城镇居民人均可支配收入增加到 24961 元，比 2010 年增加了 8364 元，其中，全年农村居民人均纯收入 19826 元，比 2010 年增加了 13850 元。农村居民收入增长幅度和速度高于城镇居民，农村经济取得长足发展。

城乡社会保障取得新进展，全年城市居民最低生活保障人数从 2010 年的 7.62 万人下降到 2014 年的 6.46 万人，农村居民最低生活保障人数也从 2010 年的 6.2 万人下降到 2014 年的 5.27 万人。2014 年全年城乡统筹就业人数达 24.30 万人，比 2010 年增长 15.5 万人，农村富余劳动力转移人数达 31771 人，城镇新增就业人数 21.12 万人，均有大幅增长。

总的来看，贵阳市在城乡经济、就业、社会保障等方面都取得了

较大的发展，其中农村地区发展比城镇发展速度相对较快，城乡差距进一步缩小。

（三）城乡基础设施逐步完善，城市竞争力得以增强

近年来，贵阳市深入实施城镇化带动战略，城乡一体化进程加速推进。强化规划引领，按照都市功能核心区、都市功能发展区、城市发展拓展区、生态保护发展区"四个功能分区"推进城市组团式发展。加大交通基础设施建设力度，全面建成"三环十六射"骨干路网；轨道交通 1 号线全面开工；加快推进省际高铁、市域快铁和跨区域高速公路建设；龙洞堡国际机场 2 号航站楼建成投用，年旅客吞吐量突破千万人次；完成中心城区畅通工程二期规划编制；成功申报"全国公交都市"试点城市。扎实开展"一创四办"活动，加强市容环境卫生管理；成功入选住房和城乡建设部 2013 年度国家智慧城市试点，建成并试运行数字化城市管理二期工程，不断完善水、电、气等城市基本生活要素保障机制。以"5 个 100 工程"为载体，带动城乡建设和产业发展，入选贵州省的 70 个项目累计完成投资 1084.9 亿元。开工改造棚户区城中村项目 42 个、474 万平方米。实施村级综合楼改造提升工程，新建 81 栋、维修 437 栋、改造 789 栋。建成通村油路（水泥路）450 千米，行政村油路（水泥路）通畅率达91.8%，完成基本农田建设 3.3 万亩，新增、改善和恢复灌溉面积11.2 万亩，建成美丽乡村示范点 27 个，城乡发展基础不断夯实。

四　贵阳市新型城镇化存在的突出问题

（一）城镇就业吸纳能力相对较弱

贵阳城镇化工业发展水平滞后于东部地区，导致非农产业就业弹

性系数低，城镇就业吸纳能力相对较弱，贵阳市 2014 年地区生产总值为 2497.27 亿元，第二产业增加值为 976.59 亿元，与江苏、浙江等东部经济发达省份的城市相比，在工业经济和"三产"建设上还存在较大差距。城镇就业吸纳能力主要取决于非农产业就业弹性系数，我国西部地区第二产业和第三产业的就业弹性系数均低于东部和中部地区，贵阳市作为西部山地省会城市，目前工业以资源开发和加工型行业为主，这些行业多为资本密集型产业，对就业增加的带动能力相对较小。

（二）城市用地效益有待提高

随着城镇化速度的加快，贵阳市城市建成区面积扩大速度也相应加快，从 2010 年的 105 平方千米增加到 2014 年的 299 平方千米，但是相对来说，城市用地效益并不高，城市建成区的产出强度远低于东部地区城市，建成区单位面积非农产业产值与我国东部和东北地区城市有较明显差距。土地城镇化的速度超过了经济发展速度。

（三）体制与政策支撑体系还需完善

农民进城务工保障制度体系建设不完善，投资引资相应体制滞后，金融支持不足，公共服务水平有待进一步提高，这些都制约了新型城镇化的快速发展。

（四）绿色城镇化发展压力大

将生态文明理念融入城镇化过程，推进城镇化进程低碳绿色化是新型城镇化的重要内涵。在城镇化加快发展的阶段，随着工业在经济中份额的上升和居民消费水平的提高，碳排放量会逐步增加，贵阳市目前产业结构中高能耗产业所占比重较大、城市布局较为松散，单位国内生产总值所排放的二氧化碳量较高，对贵阳坚持生态文明建设、实现绿色城镇化提出了较大挑战。

五 贵阳市新型城镇化发展的思路和战略

目前贵阳市建设新型城镇化有很多有利因素，一是我国城镇化的发展进入"黄金发展时期"，西部城市经济发展面临巨大空间，在基础设施建设、产业发展和合理调整城市功能布局上都有进一步的拓展空间；二是我国西部大开发政策为贵阳新型城镇化的发展提供了支持，包括资金投入、投资环境、税收优惠、土地和矿产资源优惠等政策；三是包括贵阳、遵义、安顺、黔东南和黔南地区的黔中城镇群的形成和壮大为贵阳的新型城镇化进程提供了支撑和产业基础。

但是目前周边城镇群和城市竞争越来越激烈，贵州省整体经济发展水平较低，贫困人口比例较高的实际情况对贵阳市新型城镇化的快速发展有一定影响，就业和社会保障压力较大，城乡二元结构矛盾依然存在，生态环境、自然资源和经济社会发展的矛盾日益突出等都对贵阳的城镇化进程提出了新的要求。

基于以上两方面的考虑，贵阳市的新型城镇化建设应立足贵阳是首位度较高的省会城市这一实际情况，遵循城镇化发展的规律，坚持生态文明建设，坚持工业化和城镇化相协调、城镇化的速度和质量相统一，着力优化城镇空间布局，抓好城镇建设规划，强化产业支撑，提高城镇综合承载能力，加强城镇管理，走有特色、集约型、多样化的山区绿色城镇化道路。

（一）实施城镇群发展战略

黔中经济区是国家重点发展的区域经济中心，贵阳又是其"发动机"和"火车头"。"十二五"末，贵阳城镇群将初步打造成为以电、煤、铝、磷为主的全国重要能源和资源深加工基地，全省高新技术、装备制造、医药、食品、物流、烟草等特色产业的发展示范区，具有全国影响力的生态休闲度假旅游目的地和全省旅游服务中心与集散地。充分发挥贵阳发展首位度、产业支撑度、信息集聚度、人力集中度高的优势，加快区域生产要素、经济信息要素、消费人群要素向贵阳城镇群集聚，统筹产业布局和资源利用，提升贵阳城市群的辐射影响力，将全省优势变成贵阳优势，将贵阳城镇群打造成为具有区域竞争力的经济增长极。

（二）实施"工业化"带动战略

在加快工业化、城镇化进程中，坚持"两化"联动推进，工业靠近城镇，城镇依托工业，同步发展。着力推进工业园区化、园区城市化。园区规划坚持三个层次的分类原则：第一层是高端制造业与现代服务业紧密结合的工业园区，集知识密集型、资金密集型、商业繁荣、金融发达、信息流丰富等于一体的第二、第三产业充分融合的城市综合体，如高新区；第二层是先进制造业和生产性服务业相结合的工业园区，在这个区域中除特色优势产业在总量和层次上不断提高外，要有良好的生产型服务业与之配套，形成工业化和城镇化结合的示范区，如小孟园区、龙洞堡食品轻工业园区、乌当食品医药园区、白云铝工业基地和花溪金石产业园区；第三层是重工业区，主要发展资源型产业，延伸其产业链，电力、路网、通讯、水网等主要生产要素要与之配套，这些区域形成工业集镇，如开阳、息烽磷煤化工园区，清镇铝煤工业园区。

（三）强化中心城区集聚效应

形成"一城三带五组团、山水林城相融合"的城市空间布局，打造"山中有城、城中有山；城在林中、林在城中；湖水相伴、绿带环抱"的城市特色。加快建设轻轨 1、2 号线，火车新客站功能区，三桥马王庙整体改造等重大项目，促进老城区、金阳新区、三桥马王庙、小河、二戈寨、白云等区域的连片发展，一环以内的核心区以商业服务业为主，完善功能区的详细规划和城市设计，加快建设沙文、花溪、龙洞堡、新天、清镇等外围组团。三是打造中央商务区。规划中心城区约 3 平方千米的区域，建设贵阳 CBD，辐射全省及全国西南地区。

（四）加强小城镇及新型农村规划建设

一是扩大小城镇规模，提高集聚效应。清镇市、开阳县、息烽县、修文县各培育 1~2 个镇区规模超过 3 万人的大型重点镇，以及 2~5 个镇区规模为 1 万~3 万人的中型重点镇。二是把小城镇作为统筹城乡和新农村建设的重要节点，围绕市域快速铁路、贵阳环城高速公路以及贵遵、贵黄、贵毕、贵惠、厦蓉高速等交通沿线，推动全国重点镇、中心镇及部分特色镇优先发展。三是坚持区域统筹、共建共享，推进交通、通信、供电等基础设施建设和教育、文化、医疗、卫生等公共服务设施建设，加大扶持、重点扶持、连续扶持，增强发展承载能力，推动小城镇周边村庄向镇区集聚，全面提升小城镇环境质量和综合实力，稳步推进农村人口合理有序向城镇转移。

（五）着力改善城乡生态环境

一是提高建成区绿化覆盖率和人均公共绿地面积；二是在城市中心城区构建以城市公园为主体，山体、河流、湿地为基础，红枫湖、百花湖、阿哈水库为重点，生态景观廊道相贯通的城市生态网络体系；三是加强农村社区生态环境建设，有序推进全市农村环境综合整治项目建设，建制镇和乡政府所在地三年内全部完成并实现达标验收。

（六）创新城市管理的体制机制

一是深化户籍管理制度改革。按照宽严有度、分级承接原则，根据城市综合承载能力大小，适度控制老城区（云岩、南明）、逐步放开区县城、全面放开乡镇落户条件，引导农村居民有序向城镇转移。健全完善推进城乡一体化、户籍制度改革的相关政策，明确可以登记为城镇居民的条件和优惠政策，逐步建立城乡统一的户籍登记管理制度。对市外迁入人员实行准入条件的管理办法，加速城镇人口和人才、资金等生产要素的聚集。二是完善土地管理制度。认真研究使用好年度计划指标，切实为城镇化用地提供保障；大力盘活存量，继续加大批而未供建设用地和闲置土地清理处置力度，提高土地利用效率，为工业化、城镇化挖掘用地空间，促进城乡建设用地合理开发和利用。

参考文献

［1］申兵：《促进西部地区新型城镇化发展的思路》，《中国经贸导刊》2014 年第 2 期。

［2］《2014 贵阳统计年鉴》，贵阳市年鉴编辑部，2014。

［3］钱津：《论加快贵州省新型工业化的步伐》，《管理学刊》2011 年第 3 期。

［4］钟元贵：《贵州新型工业化发展初探》，《贵州日报》2011 年 6 月 28 日。

［5］《2010 年贵阳市国民经济和社会发展统计公报》，贵阳市统计局，国家统计局贵阳市调查队，2011。

［6］《2014 年贵阳市国民经济和社会发展统计公报》，贵阳市统计局，国家统计局贵阳市调查队，2015。

［7］《贵阳市政府工作报告 2015》，贵阳市人民政府。

B.5
如何以发展特色小镇推进
新型城镇化建设

杨金江*

摘　要：　特色小镇作为我国新型城镇化进程的新型发展模式，是实现全面建成小康社会宏伟目标的有效途径之一。青岛市新型城镇化建设已迈出了坚实的步伐，尤其在打造生态乡村旅游特色小镇方面大胆尝试、积极创新，取得了可喜的成绩。建议积极落实乡镇"一手抓发展、一手抓社会治理"的要求，坚持"统一规划、选准特点、分步实施"的原则，推进"三农"富、美、强发展，打造以特色区域发展为基础，以特色产业为支撑，以文化积淀为内涵的乡村旅游特色小镇。

关键词：　新型城镇化　乡村旅游　特色小镇

　　在全面建成小康社会的进程中，实现新型城镇化已成为经济和社会发展的必然趋势。新型城镇化是以城乡统筹、城乡一体、产城互动、节约集约、生态宜居、和谐发展为基本特征的城镇化，是大中小城市、小城镇、新型农村社区协调发展，互促共进的城镇化。其核心在于以人为本，不以牺牲农业和粮食、生产和环境为代价，着眼农

---

* 杨金江，黄岛区委党校副校长。

民、涵盖农村、实现城乡基础设施的一体化和公共服务均等化，促进经济社会发展，实现共同富裕。如何推进新型城镇化进程，推进城乡统筹发展，带旺一片土地，富活一方经济，已成为当前经济社会发展的重大课题。特色小镇作为我国新型城镇化进程的新型发展模式，是实现全面建成小康社会宏伟目标的有效途径之一。为深入了解掌握青岛市新型城镇化进程中特色小镇的发展现状，笔者于近期到有着"山东省旅游强镇""山东省旅游强镇示范镇""好客山东最佳休闲乡镇"之称的黄岛区藏南镇进行了专项实地调研，并从基本现状、做法与成效、对策建议等方面进行了思考。

一 基本现状

黄岛区藏南镇地处西海岸董家口港区、古镇口海洋科技创新区和现代农业示范区"三区腹地"，境内204国道、同三高速、开城路、青连铁路等"五路穿越"，藏马山、陡崖子水库"山水交映"，生态资源丰富。辖43个村，3.2万人，总面积10500公顷，先后被评为青岛市"国内招商先进单位""村镇规划建设先进集体""山东省文明镇""山东省旅游强镇""山东省旅游强镇示范镇""好客山东最佳休闲乡镇""山东省绿化模范镇"，长阡沟社区成为青岛市首家在纯农业村实现集聚建设社区，被评为"山东省旅游强村"。

近年来，藏南镇按照"全域统筹、生态间隔、组团发展"的思路，大力实施以生态农业和乡村旅游为重点的特色小镇建设，创新实施特色农业、乡村旅游区和新型农村社区"两区共建"，通过整合"山、水、林"农业和旅游资源优势，累计流转耕地2.2万亩、山林2.3万亩，逐步走出了一条以新型农村社区、乡村旅游度假区、万亩生态林场、万亩蓝莓农业园和水利风景区"五位一体"的改革发展新道路。

二 做法与成效

通过实地调研发现，黄岛区藏南镇新型城镇化建设已迈出了坚实的步伐，尤其在打造生态乡村旅游特色小镇方面大胆尝试、积极创新，取得了一些可喜的成绩。

（一）突出特色优势，做大、做强乡村旅游和现代农业园区

黄岛区藏南镇围绕打造"藏马山区域开发综合体"，推进 31 平方千米的藏马山乡村旅游度假区项目，自 2009 年启动以来，已投资 16 亿元，基本完成了前期筹备和大规模基础设施建设工作，进入全面开发阶段。2017 年清明节，组织迁坟 1351 座，搬迁入驻统一的公益墓区，实施集约化管理。景区投资 7000 万元，实施大规模高端树种绿化，由成都杨振之来也公司进行重新规划调整，形成了千禧谷、布鲁贝瑞小镇、滑雪场、温泉度假村、养老养生中心建设方案，打造集旅游度假、休闲养生、商务会议、山地运动、文化娱乐、现代农业等多功能叠加的省级乡村旅游度假区。着力在现代农业产业园区发展上招大引强，其中，隆辉生态农业精品园，投资 3 亿元建设了蓝莓种植区、茶叶种植区、特色果品种植区以及休闲观光区，发展蓝莓 6000 余亩、芳香植物 3000 亩、有机茶叶 2000 亩、大樱桃 1000 亩、薄皮核桃 1000 亩、基地景观绿化植物 2000 亩。由中科院植物研究所、青岛市林业局合作打造的中科院青岛植物资源产业化示范基地，占地 3000 亩，利用中科院植物所拥有的基因工程等现代生物学技术，培育珍稀植物 60 个科、154 属、600余种、85 万株，打造了千亩稀有、濒危植物园和特色农业产业平台。

（二）提升生态环境质量，打造自然、环保、绿色小城镇

2012 年，黄岛区藏南镇以青岛市通报第一名率先完成青岛市

万亩林场建设任务，建成了起点高、规模大、形象好、特色鲜明的万亩生态长廊，聘请省林业规划院规划林场面积14000亩，引入5家企业造林总投资1.3亿元，栽植了紫叶李、樱花、黄栌、美人梅、法桐等，点缀了牡丹、大马士革玫瑰、薰衣草、鼠尾草等花卉和芳香植物，穿插了蓝莓、茶叶等灌木，栽植各类乔冠木1000多万株，基本达到了乔灌草、多树种的立体式栽植模式，建成了"三环五园十八道弯"的大生态、大林场格局，极大地完善了藏马山景区的生态环境布局，建成了一个可持续发展的"绿色银行"，解决了部分农民就业，促进富民增收。2012年初，将藏马山（青岛市）万亩林场顺利升级建成"青岛市级森林公园"，在省级绿化模范镇观摩中被省林业厅评价为"山东省林业发展第三大模范典型"。下一步将积极发挥"全国环境优美镇"优势，围绕构架乡村旅游大景区格局，推进生态环保建设，关停采石场所，将自然人手中零散林地山岭统一流转为法人开发的现代生态园和生态林，化零为整推进自然人林业向法人林业规模转变，实现生态林业和民生林业完美结合。

（三）高起点、高标准规划，建设富美、宜居的新型农村社区

作为青岛市创新实施"两区共建"的示范工程，黄岛区藏南镇快速推进长阡沟集聚型农村社区建设，在青岛市率先实践传统农业类集聚型社区安置补偿政策，将搬迁安置补偿和安置区建设同步驱动，大胆探索土地增减挂钩政策，按照国家绿色星级标准，设计建设富有景区特色的多层安置楼房，长阡沟社区规划建筑面积82781平方米。目前，28000平方米的6栋楼已经封顶，剩余20栋楼群正在建设中。2017年，在青岛市农委和农工办的推荐下，迎接了青岛市人大、市政府、市政协主要领导对藏南镇新型农村社区的观摩视察，各级领导给予了充分肯定。

（四）大力实施民生工程，推动小城镇基础设施建设

狠抓小城镇环境综合整治工程，为做好黄岛区乃至青岛市重要水源地陡崖子水库（青岛市环保局将其列入青岛市重要水源地，为全区第二大水库，设计库容5600万立方米）环境保护工作，投资8000万元实施环陡崖子水库环境连片整治项目，建设污水处理厂3处，垃圾中转站1个，铺设管网40000余米。投资500万元对干线路域和重要节点实施绿化，打造示范街和示范村庄。加强镇村环境卫生整治，投资293万元，新建1处垃圾中转站；投资600万元分别建设了日处理能力80吨和300吨的两处污水处理厂，配套雨污管网5000米，实现了镇驻地污水全覆盖、全处理；专门成立镇环卫公司和专业保洁队，投资30万元购置垃圾清运车两辆，实现"垃圾户集、村收、镇清运"的长效机制。加强道路交通建设，投资436万元，对3条道路和陡崖水库坝顶进行硬化和整修，加固路桥4处；投资100万元，完成了董家口运石路整修工程；兑付惠农小额贴息贷款1800万元；实施举办三期劳动力转移培训班，培养农村果林园艺人才150人；整合综治、信访、司法、安监、镇村等部门资源，建立1镇、8管区、51个基层网格的由228名人员组成的三级联动社会治理平台，全面推进社会治理运转。

三 对策建议

（一）以特色区域发展为基础，形成"一心、两翼、三带、四线"的组团式规划布局

在《藏南镇总体规划》的基础上，根据藏马山特色区域优势，确定了以乡村旅游作为藏南镇建设发展思路，率先规划实行《藏南

镇旅游总体规划》，形成了"一心、两翼、三带、四线"的组团式发展格局。"一心"就是以藏马山区域开发综合体为核心，实施藏马山乡村旅游度假区、青岛市级森林公园和现代农业园区开发建设，打造乡村旅游新品牌；"两翼"就是以新、老驻地产业发展为两翼拱卫，均衡库南、库北发展，配套建设商业区，服务旅游发展，并实施驻地"工业振兴"计划，通过"腾笼换鸟"引进一批优质企业，发展运输物流、农产品果蔬深加工、冷藏仓储加工等项目，进一步带动新老驻地发展；"三带"就是提升旅游观光带、驻地商业带、科技产业带基础建设水平，激发镇域经济活力，实施藏马山区域基础建设工程、环库环境整治项目、污水处理厂、垃圾中转站、综合医疗中心、公益墓区等基础建设。实施老驻地穿衣戴帽、新驻地改造提升、镇域规模化供水和管网建设等。打造中科院青岛植物资源产业化示范基地，利用中科院植物研究所拥有的基因工程等现代生物学技术，培育具有自主知识产权新品种，带动全镇植物科技水平提升；"四线"就是以打造交通枢纽为目标，打通开城路沿线5条镇内接口道路，整修新老驻地中轴沿线的董口运石路、成教路、藏富路等道路，维修陡崖子水库坝顶道路和跨库桥，重建孙家屯水库沿线后沟桥和赵家沟桥。

（二）以特色产业为支撑，打造"两区共建"的发展新模式

坚持"政府主导、大企业运作、产业化发展"的原则，以工业化思路大规模流转土地，推进农业产业结构调整，通过农业龙头企业带动产业园区迅速崛起，农民通过在园区"打工"就地转变为农业工人，由生产方式转变带动生活方式转变，为新型农村社区建设提供强力产业支撑。一是狠抓生态招商，培植壮大农业龙头企业，着力建设高端农业示范园区；二是提升中科院青岛植物资源产业化示范基地科技水平，培育植物60个科、154属、600余种、85万株，填补中国北方裸子植物、槭树植物资源技术空白，着力打造省级植物资源重

点实验室，构筑全区农业科技新坐标；三是实施劳动技术培训镇域全覆盖工程，整合成教、农技、科普、职训等人才资源，构建劳动保障、就业服务、技能培训"三位一体"的大劳动服务运行机制；四是推进以人为本的新型城镇化建设，推进长阡沟社区创建黄岛区乃至青岛市新型农村社区建设的样板示范工程，促进传统产业结构转型和富民增收。通过一系列保障措施，实现土地向农业产业园区集中、农民向产业工人转变、农村向新型社区搬迁集聚，最终实现特色产业园区和新型农村社区"两区共建"。

（三）以文化积淀为内涵，赋予藏南特色小镇持久生命力

充分挖掘文化底蕴，打造具有藏南典型性、唯一性的文化特色产业，并与乡村旅游融合共通，增强特色小镇影响力和生命力。

一是做好藏马山汉清代遗址、龙山文化、于氏祠堂等遗产文物保护和推广工作，将之融入藏马文化中，成为特色小镇文化内涵之一；二是传承发扬藏南钩编、藏马大鼓等非物质文化遗产，建设藏马文化博物馆，多手段开发非物质文化遗产中的文化价值和经济价值，使非物质文化遗产在弘扬传统文化、振兴民族艺术的同时，也为特色小镇开发人文旅游景观发挥作用；三是举办蓝莓采摘文化节、梨园采摘节等特色产业节庆活动，以特色节庆活动为载体，达到吸引城市居民到农村赶节、旅游、消费的目的，提高特色产业延伸项目发展和文化内涵，带动藏南镇乡村旅游经济健康、快速发展。

B.6
电动自行车与乡村女性
劳动力县域内就业效果

郭庆方*

摘　要：　电动自行车在中国许多乡村地区非常普及，方便了广大乡村女性劳动力在县域内就业。调查结果表明，电动自行车对增加乡村女性劳动力在县域内就业存在显著积极影响。乡村女性劳动力所在县域经济发展水平、所处乡村相对县城的区位、乡村内外道路状况以及个人受教育程度等因素影响电动自行车对乡村女性劳动力在县域内就业水平作用的发挥。乡村女性劳动力县域内就业增加将在女性劳动力、农户家庭和县域经济等多方面产生深层次影响，需要适当政策措施保障和发挥电动自行车在乡村女性劳动力县域内就业的积极作用。

关键词：　电动自行车　乡村女性劳动力　就业　县域经济

一　引言

乡村农村女性劳动力已成为中国农村经济发展的重要力量①。由

＊　郭庆方，中国石油大学（北京）工商管理学院，教授。
①　韩来英：《农村女性就业影响因素及对策分析》，《中国成人教育》2010 年第 18 期。

于承包耕地对女性劳动力就业的吸收有限，加上受农民外出务工潮和消费货币化的影响，乡村女性劳动力非农就业的需求和偏好增加。但是，如何充分发挥潜力巨大的乡村女性劳动力人力资本既是机遇也是挑战。同时，当前电动自行车在中小城镇和乡村的普及程度非常高。相对步行和脚踏自行车等交通方式，电动自行车运动速度更快、更省力，运动里程更长，使得乡村就业半径得到大幅度提高，为促进乡村女性劳动力就业提供了重要渠道。电动自行车普及实质上是改善和拓展了乡村交通条件和空间，并进一步影响到乡村经济社会发展，这已得到现有文献的支持。例如 Shenggen Fan 等（2008）利用计量模型表明交通通达性对促进经济发展和扶贫有显著影响[1]；Olsson（2009）的研究表明道路建设可降低城乡间运输和交易成本，促进城乡贸易，加快城乡间人员流动和信息交流[2]；邓蒙芝等（2011）认为农村道路基础设施的改善与农村劳动力非农就业率之间具有显著正相关关系，农村道路基础设施条件改善可以增加农村劳动力向非农产业转移的机会[3]。罗仁福等（2013）进一步验证了农村交通通达性的改善可以显著促进农村劳动力非农就业[4]。

电动自行车促进乡村女性劳动力就业还有其特殊性。首先，与基础设施的公共物品属性不同，电动自行车是私人物品，具有很强的个人化特征和选择自主性。其次，乡村女性劳动力就业也受到其自身特

---

① Shenggen Fan, Connie Chan-Kangb, Regional road development, rural and urban poverty: Evidence from China [J], *Transport Policy*, 2008 (15): 305 - 314.

② John Olsson, Improved road accessibility and indirect development effects: evidence fromrural Philippines [J], *Journal of Transport Geography*, 2009 (17): 476 - 483.

③ 邓蒙芝、罗仁福、张林秀：《道路基础设施建设与农村劳动力非农就业——基于 5 省 2000 户农户的调查》，《农业技术经济》2011 年第 2 期。

④ 罗仁福、张林秀、王晓兵、乔方彬、SeanSylvia：《高速公路变迁对农村劳动力非农就业的影响研究》，《经济经纬》2013 年第 4 期。

点的影响和制约（库世昌、2011；韩洪云等、2013）①②，电动车是乡村女性劳动力就业的重要而不充分条件。最后也是最重要的一点，电动自行车虽然可以提高乡村女性劳动力就业的空间和可能性；但其较短的有效行程使其在扩展乡村女性劳动力就业时又很难突破县域范围；电动自行车促进乡村女性劳动力就业可能基本上被限定在县域范围内。

尽管电动自行车促进乡村女性劳动力就业局限在县域范围内，但是，电动自行车促进乡村女性劳动力县域内就业仍然具有很强的经济社会意义。如果电动自行车促进乡村女性劳动力县域内就业的作用得到充分发挥，不仅乡村女性就业和家庭收入水平可以显著提高，还会为县域经济的发展提供人力资本支撑，甚至整个国家的城镇产业体系的布局也会受到重要影响。为了更准确和更细致地识别电动自行车普及与乡村女性劳动力县域内就业效果的关系，本研究立足于实地调查获取的一手资料，分析了电动自行车与乡村女性劳动力县域内就业的关系，并对影响电动自行车促进乡村女性劳动力县域内就业的制约因素进行了计量经济分析。在上述分析的基础上，本研究提出了更好地发挥电动自行车促进乡村女性劳动力县域内就业的相应政策建议。

二　调查样本情况

本研究 2016 年选取了河南省的民权、武陟、兰考以及山东省的临清市、安丘市共 5 个县（市），针对有适龄就业女性的农户进行了调查问卷发放和走访，共调查走访了 24 个行政村的 220 多家农户，得到 186 份有效调查问卷，其中涉及乡村女性劳动力 239 人。在 186

---

① 库世昌：《农村女性劳动力转移的制约因素及对策》，《农村·农业·农民》2011 年第 6 期。

② 韩洪云、梁海兵、郑洁：《农村已婚女性就业转移意愿与能力：一个经验检验》，《南京农业大学学报》（社会科学版）2013 年第 5 期。

个样本农户中，只有 3 个农户（涉及 3 个乡村女性劳动力）没有电动自行车，平均每户有电动自行车 1.37 辆。

（一）调查样本县县域经济发展情况

本研究样本县 2016 年的经济发展情况数据主要包括人口、经济总量、三次产业结构和规模以上企业指标。一是人口情况。民权县、武陟县、兰考县、安丘市和临清市的人口分别为 91 万、74 万、83 万、95 万和 76 万，5 个县（市）均是人口大县（市）。二是经济发展水平。民权县、武陟县、兰考县、安丘市和临清市的 GDP 分别为 156 亿元、250 亿元、171 亿元、221 亿元和 297 亿元，各样本县对应人均 GDP 分别为 1.71 万元、3.38 万元、2.06 万元、2.33 万元和 3.91 万元。各县经济发展水平差距较大。三是产业结构。用一产所占比重来表示，民权县、武陟县、兰考县、安丘市、临清市一产所占比重分别为 29%、12.9%、18.8%、18.5% 和 3%。各县（市）产业结构有较大差距，但除了临清市，其他各县的农业县特征还是很明显的。四是规模以上企业。民权县、武陟县、兰考县、安丘市、临清市规模以上企业个数分别为 84 个、197 个、254 个、321 个和 400 个。不难看出，县域经济发展水平、产业结构与规模以上企业个数存在紧密的联系。

（二）调查样本村情况

根据本研究考察的重点，调查样本村的情况主要是样本村的区位和道路条件。一是样本村距离县城的距离。在 24 个样本村中，村距离县城的距离平均值为 17.52 千米，最远的距离为 38 千米，最近的距离为 0 千米；村距离县城的平均距离在电动自行车的有效里程内。二是样本村到县城主干道道路的距离和道路条件。在 24 个样本村中，样本村到县城主干道道路的距离平均值为 0.96 千米，最远的距离为

5 千米，最近的距离为 0 千米；只有 1 个样本村到县城主干道的道路没有得到硬化。总体来看，样本村出村的道路条件还是不错的。三是样本村村内道路硬化情况。在 24 个样本村中，有 7 个样本村村内道路尚没有得到硬化，乡村内部基础设施建设还是相对滞后的。

（三）调查样本女性劳动力个人情况

乡村女性劳动力个人和家庭情况非常复杂多样，信息量很大，本研究对乡村女性劳动力的特征重点关注了年龄、受教育程度两个指标。在 239 个样本乡村女性劳动力中，其平均年龄 37.77，标准差为 12.33，基本属于乡村女性劳动力就业的黄金年龄。在样本乡村女性劳动力受教育程度分布中，小学及以下教育程度占到 19.8%，初中教育程度 54.7%，高中教育程度 18.6%，大专及以上教育程度 6.9%；总体来看，样本乡村女性劳动力受教育程度相对偏低。

三 样本乡村女性劳动力拥有电动自行车与县域内就业的关系状况

（一）可靠性检验

保障样本数据的真实可靠是本研究的关键。Cronbach α 信度系数是常用的信度系数之一，适用于态度、意见式问卷的信度分析；Cronbach α 信度系数在 0.8 以上即被认为可信度较高。在本研究的样本调查中，受访乡村女性劳动力拥有电动自行车前后就业的客观变化与其对"电动自行车对打工状况改变的影响程度"的主观回答的一致性 Cronbach α 值为 0.895，标准化后的 Cronbach α 值为 0.896，这意味着电动自行车普及对样本乡村女性劳动力就业影响的样本数据具有较高的内在一致性，从而确保了研究结论是基本可靠的。

（二）样本乡村女性劳动力购买电动自行车前后就业情况对比

对乡村女性劳动力就业状况的考察分为购买电动自行车前和购买电动自行车后两种情况，并将两者进行对比。在剔除没有电动自行车的3个乡村女性劳动力样本后，236个样本乡村女性劳动力购买电动自行车前后的就业情况见表1。

表1　样本乡村女性劳动力购买电动自行车前后就业情况

单位：人

就业区域	没有就业	本村	镇内村外	县内镇外	省内县外	省外
购买电动自行车前	130	19	19	21	7	40
购买电动自行车后	76	26	45	43	13	33
人数前后变化	-54	7	26	22	6	-7

从表1可以看出，就调查样本女性劳动力来看，购买电动自行车前后就业状况差别还是很大的，尤其是没有就业的乡村女性劳动力在购买电动自行车以后得到大幅度下降，下降幅度高达41.54%（尽管零散的非正式就业可能在其中占了较大比重）。省外就业女性劳动力也有某种程度上的回流，回流幅度为17.5%。从乡村女性劳动力就业方向来看，县域内就业占了主导地位。需要说明的是，表1只是反映了统计意义上的乡村女性劳动力就业转变，就个体乡村女性劳动力来说，因为婚姻、生育等原因，存在从有就业变为无就业或县内就业变为县外就业等情况。

本研究设计了受访乡村女性劳动力对"电动自行车对打工状况改变的影响程度"这一问题，试图通过受访者的主观感受来反映电动自行车对女性劳动力就业的现时和潜在影响，并与表1中乡村女性劳动力购买电动自行车前后就业情况数据进行相互验证。调查数据表明：认为"影响很大"的受访者为57人（占比24.15%），认为

"影响较大"的受访者为 87 人（占比 36.86%），认为"影响较小"的受访者为 52 人（占比 22.03%），认为"没有影响"的受访者为 40 人（占比 16.95%）。"影响很大"和"影响较大"的受访者占总样本人数的比例为 61.01%，与表 1 中的数据比较吻合，说明电动自行车普及对乡村女性劳动力的就业影响还是很大的。

四 制约电动自行车促进乡村女性劳动力县域内就业效果的计量经济分析

（一）制约电动自行车促进乡村女性县域内人就业的因素识别

电动自行车普及不可能孤立地影响乡村女性劳动力县域内就业，还要受到一系列其他因素的制约，如县域经济及其空间布局、乡村女性居住地的地理区位以及其他社会因素等。

（1）县域经济及其空间布局。从发展水平上看，县域经济越发达，非农产业所占比重越高，乡村女性就业的机会就会越大。从行业分布来看，适合女性就业的、对技术要求不高的劳动密集型产业越多，乡村女性就业的机会就会越大。从县域经济空间布局来看，如果县域经济的产业和企业能够在空间上更接近乡村女性的居住村落，乡村女性就业机会就会越大。

（2）乡村女性居住地的地理区位。县城是县域内企业最集中的空间，也是劳动力需求量最大、需求最集中的地方。就考察制约电动自行车普及提高乡村女性就业的效果来看，乡村女性居住地的区位主要是指乡村女性居住地距离县城的距离，乡村女性居住地距离县城越近，电动自行车普及提高乡村女性就业的效果就越好。当然在一些县，其城镇体系是多中心的，除了县城之外，还存在一个或几个城镇规模较大、产业较发达的副中心，在这种情况下，单纯用距离县城远近来衡量电动自行车普及提高乡村女性就业的效果可能存在一定的偏差。

（3）乡村交通的通达性。由于电动自行车普及地区的地形地貌基本上都是平原。在中国目前的平原地形县，县城干道的交通状况还是非常好的。影响电动自行车普及提高乡村女性就业的道路状况，主要包括乡村内部道路和乡村通往县城干道道路的路面情况。只有在乡村内部道路和乡村通往县城干道道路的路面情况都很好的情况下，电动自行车普及提高乡村女性就业才具备真正的道路条件。

（4）乡村女性劳动力的年龄。在乡村女性劳动力年龄较小时，没有婚姻限制，精力充沛、学习能力较强，就业较为充分；随着年龄增长，乡村女性劳动力就会完成婚姻和养育等家庭行为，尤其是女性生育、养育子女会大大限制其外出就业；女性劳动力年龄再进一步增长、子女长大，女性劳动力就业的家庭约束会得到缓解；但女性劳动力的年龄增长到一定程度，不仅个人体力、技能相对下降，还可能面临帮助子女抚育小孩的任务，外出就业的可能性又会大大降低。总体来看，乡村女性劳动力的年龄大小与就业可能性高低的关系比较复杂，不是简单的线性关系。

（5）乡村女性劳动力的受教育程度。乡村女性劳动力受教育程度越高，外出就业的竞争能力越强，外出就业的意愿和机会就越高。乡村女性劳动力受教育程度往往还会对其婚姻、生育状况产生重要影响，并进一步影响女性劳动力的就业行为。乡村女性劳动力受教育程度越高，就越可能趋向于推迟结婚年龄，并偏好子女养育质量、少养育子女，这有利于乡村女性劳动力外出就业。当然，乡村女性劳动力受教育程度越高，女性劳动力会更有可能和偏好突破县域限制去距离更远的地区就业。

（6）其他社会因素。乡村生产生活是非常丰富多彩的，影响乡村女性劳动力就业状况的因素也是非常多的，甚至就业传统都会影响到乡村女性劳动力就业状况。如河南省民权县北宋庄村的女性劳动力就较为偏好在县外甚至省外就业，该村举家在县外、省外就业居住的情况也比较普遍。

（二）计量经济模型设定

（1）被解释变量。在乡村女性劳动力县域内就业上，由于各种条件的限制，零散的非正式就业所占比重较大，这些就业很难反映到就业和非就业的精确区分上；更重要的是，本研究不仅考虑电动自行车对乡村女性劳动力就业的当下影响，包括女性劳动力就业在空间（主要是县域外和县域内）上的转移情况，还关注电动自行车对乡村女性劳动力未来就业的潜在影响。因为利用受访乡村女性劳动力对"电动自行车对打工状况改变的影响程度"的问题回答，可能更能综合地反映电动自行车对乡村女性劳动力就业影响的情况，而且样本数据信度检验也保证了该指标作为被解释变量的可靠性。在具体的数据处理中，将受访者"影响很大""影响较大"回答项统一认定为电动自行车提高了乡村女性劳动力就业，设定为 1；将"没有影响""影响较小"统一认定为电动自行车没有提高乡村女性劳动力就业，设定为 0。

（2）解释变量。制约电动自行车普及改变乡村女性劳动力就业的外部因素很多，受资料的限制，本研究只是利用其中最为关键的因素作为解释变量。一是县域经济发展和产业结构。在县域经济发展和产业结构中，人均 GDP、三次产业结构和规模以上企业数量有一定的相关性，而且企业数量是影响乡村女性劳动力就业的最直接因素；为了简明和避免多重共线性，本研究用万人均规模以上企业数量 ase 代表样本乡村女性劳动力所在县域经济和产业状况。用样本乡村女性劳动力所居住乡村距离县城千米数 dcu 代表其就业区位。用乡村内部道路和村通往县干道硬化的交互情况 hr 代表其道路条件，如果乡村内部道路和村通往县干道两者均硬化，则取 1，否则取 0。样本乡村女性劳动力的受教育程度 *dedu* 用虚拟变量来表示，以小学及以下程度为基本参照。样本乡村女性劳动力年龄 *age* 与其就业情况的关系比较复杂，本研究引入乡村女性劳动力的年龄的平方项 age^2。

（3）计量经济模型的形式

由于被解释变量属于 0 ~ 1 数据，所以经济计量模型采用 Probit 形式，考察解释变量对被解释变量变动概率的影响。经济计量模型形式见式（1）。

$$
\begin{aligned}
pe_t = {} & \beta_0 + \beta_1 ase_t + \beta_2 dcu_t + \beta_3 hr_t + \beta_4 jhs_t + \beta_5 hs_t + \\
& \beta_6 cs_t + \beta_7 age_t + \beta_8 age_t^{\ 2} + \mu_t
\end{aligned} \tag{1}
$$

式（1）中，pe_t 为样本乡村女性 t 由于拥有电动自行车而就业的概率；ase_t 为样本乡村女性 t 所在县万人拥有规模以上企业数；dcu_t 为样本乡村女性 t 所居住村距离县城千米数；hr_t 为样本乡村女性 t 所居住村村内道路以及到县干道道路硬化情况，两者均硬化为 1，否则为 0；jhs_t 为样本乡村女性 t 受教育程度为初中，是初中为 1，否则为 0；hs_t 为样本乡村女性 t 受教育程度为高中，是高中为 1，否则为 0；cs_t 为样本乡村女性 t 受教育程度为大专及以上，是大专及以上为 1，否则为 0；age_t 为样本乡村女性 t 年龄，$age_t^{\ 2}$ 为样本乡村女性 t 年龄平方项；μ_t 为随机变动项。

（三）计量经济模型的计算结果及其经济含义

在计量经济分析时，将没有电动自行车的 3 个乡村女性劳动力样本剔除，实际进行计量经济分析样本乡村女性劳动力为 236 人。根据经济计量模型（1）和调查的样本数据进行计量经济分析，分析结果见表 2。

表 2　影响电动自行车改变乡村女性劳动力就业状况因素的数量关系

变量	回归系数	z 统计量	显著性水平
C	0.03	0.17	0.79
ASE	0.23	2.01	0.04
DCU	− 0.10	− 2.98	0.00
HR	0.51	2.30	0.02
JHS	0.16	2.21	0.03
HS	0.24	1.79	0.08
CS	0.44	2.57	0.00
AGE	0.03	0.21	0.84
AGE^2	0.00	− 0.14	0.89
被解释变量均值	0.59	McFadden R^2	0.43

从表 2 可以看出，县域经济对电动自行车促进乡村女性劳动力就业有很大正向影响，万人拥有规模以上企业每增加 1 个，电动自行车促进乡村女性劳动力就业的概率就提高 23%，统计显著性水平较高；乡村女性劳动力居住地区位也对电动自行车提高其就业可能性有明显影响，乡村女性劳动力居住地距离县城的距离每减少 1 千米，电动自行车促进乡村女性劳动力就业的概率就降低 10%，统计显著性水平较高；道路条件对电动自行车促进乡村女性劳动力就业更为关键，村内道路、村到县干道均硬化使得电动自行车促进乡村女性劳动力就业的概率比其他道路条件高出 51%，统计显著性水平较高；乡村女性劳动力受教育程度也对电动自行车促进乡村女性劳动力就业方面有显著影响，相对小学及以下受教育程度，乡村女性劳动力受教育程度越高，电动自行车促进乡村女性劳动力就业概率就越高，且统计显著性水平较高。

五　政策意义和建议

电动自行车对乡村女性劳动力在县域内就业有明显的促进作用，

并在多方面产生深远影响，具有明显的政策含义。首先，这有利于乡村女性劳动力就业，增加农户家庭收入；其次，乡村女性劳动力就业机会和就业半径增加会使得乡村女性劳动力人力资本内生性提高、视野扩大，会改变乡村女性劳动力在家庭中的经济地位和家庭社会关系。最后，乡村女性劳动力就业水平的提高会夯实县域经济发展的劳动力供给水平，促使县域产业发展扩张，县域产业扩张又会对乡村女性就业产生进一步需求，这大大提高了县域经济的活力和竞争水平。

为了更好发挥电动自行车在促进乡村女性劳动力县域就业的作用，需要在以下几个方面加强。一是县域产业结构调整。县域经济在努力提高经济发展水平的同时，应该侧重发展适合乡村女性劳动力就业的劳动密集型的轻加工业和服务业。二是完善城镇体系，在县域面积较大的县应该发展多中心城镇体系，大力发展小城镇，形成多个除了县城之外的工商业较为发达的副中心城镇，方便乡村女性就近就业。三是加强乡村女性劳动力的就业培训，结合女性就业性别特点和受教育程度进行有针对性的技能、安全等培训。四是生活配套，电动自行车不是全天候的交通方式，会受到雨雪等天气和黑天等限制，相关企业应该适当完善一些生活措施，缓解可能出现的电动自行车所不能解决的乡村女性就业与居住冲突。五是乡村道路改善，乡村道路路况对乡村女性劳动力利用电动自行车县域内就业非常关键，中国正在推行新农村和新型城镇化建设，在"村村通"等乡村道路上还应加大投入，并做好工程的质量监管。六是交通安全，随着机动车辆的增长，中国广大乡村交通事故频发，加上许多乡村女性劳动力道路安全意识较为淡薄，为了确保乡村女性劳动力驾驶电动自行车上下班的安全，需要健全道路交通安全标示，强化机动车行驶规范安全监管，加强电动自行车行驶自我安全保护等。七是电动自行车质量要提高。电动自行车在乡村生产、生活中的作用越来越突出，电动自行车应加大研究开发，在电动自行车动力、安全性、舒适性等方面不断提高质量。

参考文献

[1] 韩来英：《农村女性就业影响因素及对策分析》，《中国成人教育》
2010 年第 18 期。

[2] Shenggen Fan, Connie Chan-Kangb, Regional road development,
rural and urban poverty: Evidence from China [J], *Transport Policy*,
2008 (15): 305–314.

[3] John Olsson, Improved road accessibility and indirect development
effects: evidence fromrural Philippines [J], *Journal of Transport
Geography*, 2009 (17): 476–483.

[4] 邓蒙芝、罗仁福、张林秀：《道路基础设施建设与农村劳动力非农
就业——基于 5 省 2000 户农户的调查》，《农业技术经济》2011
年第 2 期。

[5] 罗仁福、张林秀、王晓兵、乔方彬、SeanSylvia：《高速公路变迁
对农村劳动力非农就业的影响研究》，《经济经纬》2013 年第 4
期。

[6] 库世昌：《农村女性劳动力转移的制约因素及对策》，《农村·农
业·农民》2011 年第 6 期。

[7] 韩洪云、梁海兵、郑洁：《农村已婚女性就业转移意愿与能力：一
个经验检验》，《南京农业大学学报》（社会科学版）2013 年第 5
期。

实　践　篇

Practical Features

B.7

系统思维下县域发展建设
顶层设计思路与方法浅析*

——以河南兰考县城乡统筹顶层设计为例

尚洁　段元强　纪骢**

摘　要： 基于国情的新型城镇化是我国城镇化发展的必然阶段，
　　　　是我国引导经济社会发展的主要战略之一。新型城镇
　　　　化背景下的县域顶层设计在促进城乡统筹发展、产城
　　　　一体发展、城乡居民安居乐业、构建生态安全格局等
　　　　方面将担当重任。本文以兰考县为例，结合习近平总

* 感谢当代城乡发展规划院院长付崇兰先生对本文撰写过程中的理论指导，感谢泛华集团董事
长杨天举先生及泛华集团技术委员会其他专家在撰写本文过程中给予的案例分析指导；感谢
泛华城市发展研究院兰考项目组同事在撰写本文过程中给予的支持帮助。
** 尚洁，泛华建设集团有限公司高级城市规划师；段元强，当代城乡发展规划院高级城市规划
师；纪骢，泛华建设集团有限公司高级城市规划师。

书记对县域发展的三点要求，提出县域各类规划编制依据的顶层设计方案制定的思路与方法，为县域发展的科学决策提供理论支持。

关键词： 系统思维 县域地区 顶层设计

引　言

在当前城镇化发展背景下，中国县域城市不仅扮演吸纳农村劳动过剩人口，拦截盲目涌入大城市的农村过剩劳动人口的拦河闸的角色，而且还承担着乡村地区公共服务中心和区域经济发展极核的重任。另外，毗邻区域大型中心城市的县域城市，同时需要具有承接大城市产业与人口梯级转移的区域发展节点职能。但现有县域城市各职能部门编制的各类规划，都是以部门职能为出发点，缺乏对县域地区发展现状的统筹考虑，部门各专项规划实施过程中也缺乏必要的协调配合来应对社会、经济、人口、精神、文化、环境互动演变的现实。

笔者从参与的项目调研访谈中了解到，当前县域地区政府决策层需要一种基于区域发展综合现状的系统顶层设计方案，来协助决策层统筹指导各职能部门的专项规划编制与实施配合，并为各类城市管理政策的制定和运用提供理论分析依据。本文实践分析基于泛华集团城市发展研究院的顶层设计实践案例——兰考城乡统筹顶层设计，但又不同于原规划，通过由原规划衍生而出的理论策划，分析推演出县域地区顶层设计的基本思路与方法，供规划设计部门和县域地区政府部门作为规划编制和城市综合治理理论分析方法的参考。

一 国家对县域治理顶层设计的指导精神

习近平总书记在调研指导兰考县时明确强调，要准确把握县域治理特点和规律，把"强县与富民统一起来、改革与发展结合起来、城镇与乡村贯通起来"。这不仅是对兰考县县域发展提出的要求，更是对中国县域城镇化发展的总体要求。

习近平总书记三点要求体现了辩证统一关系：强县与富民为目标，改革与发展为手段，城市与乡村为载体。首先"强县与富民统一起来"，体现了县域真正强大的两个不同侧面的辩证有机联系，体现了以民为本的强县思路。强县，不仅要经济强，更要生态强、文化强、精神强；富民，不仅要生活富裕，更要精神富裕。其次，"改革与发展结合起来"，改革为手段，发展为目标，即通过各方面体制机制改革创新，实现经济、社会、生态等各方面的协调发展。最后，"城镇与乡村贯通起来"，是通过改革发展实现城乡运营的最终理想目标状态。其外在的表现是城乡空间的和谐布局，内在的表现则是经济产业、生态格局、公共服务设施、人口分布的有机联系与和谐互动（见图1）。

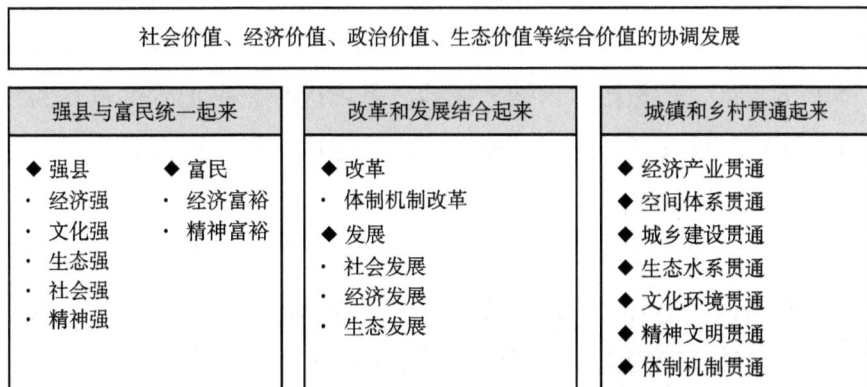

社会价值、经济价值、政治价值、生态价值等综合价值的协调发展		
强县与富民统一起来	**改革和发展结合起来**	**城镇和乡村贯通起来**
◆ 强县　◆ 富民 · 经济强　· 经济富裕 · 文化强　· 精神富裕 · 生态强 · 社会强 · 精神强	◆ 改革 · 体制机制改革 ◆ 发展 · 社会发展 · 经济发展 · 生态发展	◆ 经济产业贯通 ◆ 空间体系贯通 ◆ 城乡建设贯通 ◆ 生态水系贯通 ◆ 文化环境贯通 ◆ 精神文明贯通 ◆ 体制机制贯通

图1　三点要求认识框架

二 对城市顶层设计的认识

顶层设计是借用工程学术语，是指运用系统论的方法，从全局的角度，对某项任务或者某个项目的各方面、各层次、各要素统筹规划，以集中有效资源，高效快捷地实现目标①。城市顶层设计内容主要涵盖两方面内容：第一，城市顶层设计是自上而下的规划，指的是用战略眼光，统筹协调各方面因素，整体性、系统性地解决城市问题；强调解决城市问题的规划性、科学性、关联性、系统性。第二，城市顶层设计是"多规合一"，适用从战略到实施使用一张蓝图干到底；其中多规不仅是横向的各种规划的合一，而且是纵向从战略到实施到制度多种类型策划的合一。

三 兰考现状与问题综述

（一）现状概况

兰考处于开封、菏泽、商丘三角地带中心，东距开封约50千米，辖8乡、5镇、3街道，450个行政村（社区），总人口83万，总面积1116平方千米，是焦裕禄精神发源地，是习近平总书记党的群众路线教育实践活动联系点、国家新型城镇化综合试点县、河南省省直管县体制改革试点县、河南省改革发展和加强党的建设综合试验示范县。

兰考是中原经济区"半小时交通圈"的重要组成部分，西距新郑国际机场仅1小时，东距世界不冻港口连云港只需4小时；国家铁路干线陇海铁路穿境而过，220、310、106三条国道在县城交会，连

---

① 《顶层设计释义》，百度百科。

霍、日南两条高速公路在兰考交叉而过并设有三个出入口，同时与大广高速公路联网形成了方便快捷的高速交通网络。即将通车的郑徐高速客运铁路专线在兰考建有客运站，建设中的郑开城际铁路将延伸到兰考，规划建设的兰考至菏泽城际快速铁路，建成后将连接未来的京九高铁和郑徐高铁，进一步增强了兰考作为河南省直管县辐射和带动周边县市发展的能力。

（二）兰考发展面临问题综述

1.兰考县城乡体系面临问题

（1）中心城区位置偏西分布失衡，对东部县域辐射带动能力弱

兰考县中心城区位于县域的偏东部，距东部各乡镇直线距离在30千米以上，对县域西部乡镇有辐射带动作用，对东部乡镇辐射带动能力较弱。从人口与经济规模看，兰考县现状城镇体系为兰考中心城区、重点镇（堌阳镇、南漳镇、考城镇）、一般镇、乡村四级城镇体系（见图2）。东部各镇距离西部兰考县城及东部山东省菏泽市定陶区、曹县等县级区域增长极核均较远，且东部也缺乏高速与国道的交通支撑。因此，东部需培育次级中心，带动东部县域发展。

（2）兰考县城镇规模等级失衡，次级城镇聚集辐射力有待提高

根据《2016年兰考县统计年鉴》，兰考县人口规模和经济产值综合排名，兰考县第二层级城镇为考城镇、堌阳镇、南漳镇三个乡镇。城市首位度一定程度上反映了城乡结构的发育程度，一般认为，当两城市指数首位度大于2，则存在结构失衡、首位城市资源过度集中的趋势；根据位序原理[1]，四城市指数其值为1属合理，大于1，则存在第二位城镇之下的城镇发展相对缓慢，城镇规模偏小的情况。而兰考县两城市指数首位度为5.6；从兰考两城市指数首位度来看，显然

---

① 许学强、周一星、宁越敏：《城市地理学》，高等教育出版社，1996。

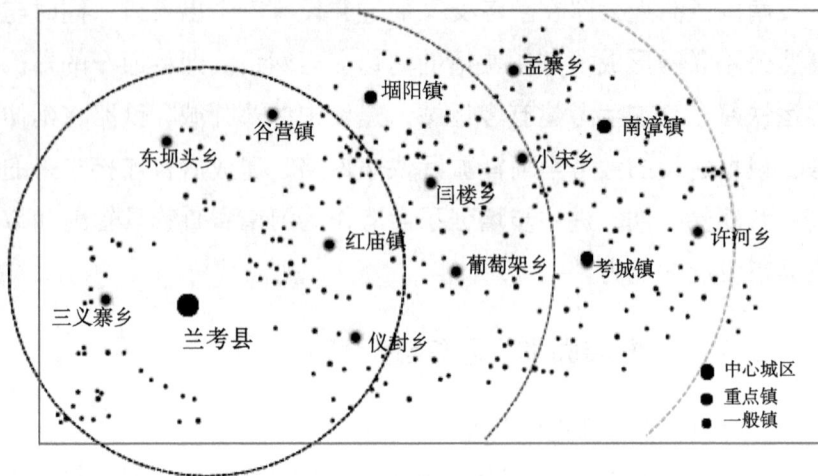

图2　2015年兰考县现状城镇体系

城镇体系以中心城区带动为主，第二位城镇发展不足，接受中心城区的辐射带动小。兰考县四城镇指数首位度为2.2，超过合理值1，显然区域内次级城镇规模过小，难以对周边乡镇发挥辐射带动作用（见表1）。因此，兰考城镇等级体系发育程度不高，需要提高兰考中心城区、次级城镇的能级，增强其辐射带动作用。

表1　兰考县2015年经济和人口现状

乡镇	GDP（万元）	GDP占比（%）	人口	城镇人口（人）
城关镇	266109	11.4	80458	
城关乡	273915	11.7	76868	18038
三义寨镇	124374	5.3	65748	
堌阳镇	189437	8.1	74210	25974
南漳镇	181946	7.8	92500	32375
考城镇	120337	5.2	66269	23194
红庙镇	114385	4.9	70055	24519
东坝头乡	132427	5.7	38547	13491

乡镇	GDP（万元）	GDP 占比（%）	人口	城镇人口（人）
爪　营	114889	4.9	44924	15723
谷营镇	119794	5.1	47860	16751
小宋乡	122563	5.2	61697	21594
孟寨乡	123596	5.3	35598	12459
许河乡	121010	5.2	35478	12417
葡萄架乡	102637	4.4	37689	13191
闫楼乡	121546	5.2	38102	13336
仪封乡	106625	4.6	61421	21497
合　　计	2345590	100.0	927424	—

（3）兰考县与同类城市相比，各级城镇辐射能级需提升

对河南省十个同类直管县城市、河南省及全国平均水平对比分析，兰考县在 10 个同类城市中，其 GDP 为 234.6 亿元，居第八位；GDP 增速 12.7%，在 10 个同类城市中居第一位，均高于河南省及全国的平均增速；从三次产业结构比重看，工业化率为 44%，工业化水平居 10 个同类城市第七位，低于河南省平均工业化水平，略高于全国工业化平均水平；同时可以看出，兰考县产业结构相对全国产业结构，其工业比重高、服务业比重低；财政收入 12.7 亿元，在 10 个同类城市中居第六位；财政收入占 GDP 比重为 5.4%，在 10 个同类城市中居第五位，远低于全国平均水平 22.2%，反映出兰考县经济结构和整体效益处于劣势水平；人均 GDP 为 37185 元，在 10 个同类城市中居第三位，但略低于河南省平均水平，与全国平均水平 49228元差距较大（见表 2）。

兰考县与河南省省直管县及全国平均水平城市，从经济总量、产业结构、人均 GDP、GDP 增长速度、财政收入、财政收入占比六个方面对比分析以及对兰考县自身发展分析说明，兰考县工业化发展良

表2 兰考县与同类城市综合实力对比

名称	GDP (亿元)	GDP 增长速度(%)	三次产业比重	财政收入(亿元)	人均 GDP(元)	财政收入占GDP 比重(%)
兰考县	234.6	12.7	16.7:44.0:39.3	12.7	37185	5.4
邓州市	247.48	8.8	28.0:36.2:35.8	12.8	24520	5.2
固始县	272.8	8.2	27.7:32.6:39.7	11.1	25372	4.1
永城市	430	9	15.3:49.8:37.9	33.5	35295	7.8
滑 县	211.3	9.4	31.1:36.9:32.1	9.4	19079	4.4
鹿邑县	2589.5	8.8	18.7:47.2:34.1	10.4	29204	0.4
新蔡县	159.4	8.6	28.7:34.9:36.4	6.2	18986	3.9
汝州市	362.2	9	10.3:46.3:43.4	20.7	38975	5.7
长垣县	271.8	10	12.0:50.8:37.2	15.3	36020	5.6
巩义市	625.5	7.5	1.8:61.9:36.3	34.7	76095	5.5
河南省	37002.2	8.3	11.4:49.1:39.5	4426.96	39123	12.0
全 国	685506	6.8	9.0:40.5:50.5	152200	49228	22.2

资料来源：《河南统计年鉴2016》。

好，经济增长速度快；但城市规模小、工业比重高、经济实力弱、整体效益不优，其综合实力远低于全国平均水平，略低于河南省平均水平，与中国发达县级城市相比还存在较大差距，因此需要县域城乡整体提升能级。

2. 兰考县产业发展面临问题

兰考县属于中原经济区的核心发展圈层，原有规划将其规划为常住人口规模50万~100万中等城市，重点发展农副产品生产、农副产品加工、农副产品物流、先进制造业等，同时进行了承接郑州市战略性新兴产业、现代服务业等高端产业转移的定位。县域地方发展定位与产业遴选的思路表述较为模糊与欠缺。产业发展方面主要存在以下几方面的问题。

（1）产业未形成集群效应，产业化对城镇化推力不足

从人均GDP看，兰考县处于工业化中级阶段。

根据H. 钱纳里建立的工业化标准模型，人均经济总量与经济发

展阶段划分为六个阶段，当人均 GDP 为 3186～6373 美元，该城市处于工业化中级经济发展阶段（见表 3）。兰考县 2016 年人均 GDP 为 37185 元，约合 5400 美元。可见，兰考县处于工业化中级阶段。

表3　H. 钱纳里工业化标准模型

时期	人均 GDP（美元）	经济发展阶段	
1	797～1593		初级产品生产阶段
2	1593～3186	初级阶段	工业化阶段
3	3186～6373	中级阶段	
4	6373～11949	高级阶段	
5	11949～19118	初级阶段	发达经济阶段
6	19118～28678	高级阶段	

从三次产业结构看，兰考县处于工业化中级阶段。

工业产值占全部生产总值的比重即工业化率是衡量一个国家或地区发展阶段的一项重要指标。2016 年兰考县三次产业结构比为 16.7∶44.0∶39.3，其工业化率为 44%。根据国际通用标准，一般认为：工业化率达到 20%～40%，为工业化初级阶段；40%～60% 为工业化中级阶段，即半工业化国家/地区；60% 以上为工业化国家/地区。可见，兰考县总体处于工业化中级阶段（见表 4）。

表4　城镇化率与工业化进程关系

城市化率（%）	时期	经济发展阶段
10～30	工业化准备期	初级产品生产阶段
30	初级阶段	工业化阶段
60	中级阶段	
80	高级阶段	
>80	工业现代化	经济稳定增长阶段

资料来源：国际经验数据。

从城市化看，兰考县处于工业化初级阶段。

2016年兰考县城镇化率为35.6%，远低于国家平均水平，处于城镇化的初期。根据国际经验，当城镇化率在30%左右，其经济发展刚跨越初级产品生产阶段，进入工业化的初级阶段。可见，从兰考县的城镇化率来看，兰考县处于工业化初级阶段。

从就业结构看，兰考县处于工业化高级阶段。

2016年兰考县就业结构比为19.08∶38.47∶42.45，而三次产业结构比为16.7∶44.0∶39.3。显然，兰考县服务业对就业的拉动最大。根据国际经验，当工业化进入高级阶段，城市就业由工业对就业推动转化为服务业推动。从就业结构看，则兰考县处于工业化高级阶段。

可见，从兰考县人均GDP工业化、城镇化、就业结构等数据来看，兰考县分属城镇化的不同阶段，存在不协调现象，其突出矛盾表现是：一是工业化对城镇化推力不足，吸纳劳动力就业能力不强；二是兰考县城镇化和工业化水平总体偏低，仍有较大的发展空间。究其原因：一是目前产业需要劳动力素质与当前拥有劳动力的素质不对等；二是城市高端产业对乡镇工业及农村基础产业带动力不强；三是带动农村劳动力的产业未形成集群集聚效应，辐射带动力不强。

（2）产业对农村拉力小，城乡经济差距扩大

兰考县城镇居民人均可支配收入为19651元，农村居民人均可支配收入为9072元，不到城镇居民人均可支配收入的一半。从兰考县城市首位度为5.6和经济首位度为2.9来看，其资源主要集中在中心城区，城乡经济二元结构突出。从具体产业分布看，兰考构建的家居制造及木业加工、食品及农副产品深加工、战略性新兴产业三大主导产业，集中在中心城区的产业集聚区，对农村地区的产业带动不强。

（3）兰考县特色文化资源与文化产业问题

"九曲黄河最后一道弯、焦裕禄精神发祥地、孔子过化地"为兰考县三大特色文化资源。此外，兰考县有丰富的帝王、领袖文化资

源，乡村文化旅游资源丰富，但文化软实力不强，对文化资源挖掘利用不充分；一方面，缺乏核心的文化符号；另一方面，文化间缺乏联系，未形成互通的文化产业链。因此兰考县需要进一步挖掘开发特色文化，转化为精神力量和物质力量。

四 系统顶层战略策划设计

兰考县系统顶层战略策划是针对县域发展面临的主要问题，提出的从不同侧面、不同时序相互配合的系统解决方案，具体策略集中在城镇功能体系定位与空间布局及产业遴选定位与产业发展布局等几个方面。

（一）构建水田相映、五级一体、四大模式空间格局，实现城乡体系均衡发展

1. 东部增设两个副中心城区，构建1-2-4-7-N的五级城乡等级体系

从前期分析的兰考县经济首位度以及中心城区、考城、堌阳、南漳经济占比来看，考城、堌阳、南漳三个城镇的经济实力较强，有追赶中心城区之势。从考城、堌阳、南漳第二层级三个城镇地理位置均衡方面讲，南漳位于东部中心，作为次级城市辐射力，难以辐射带动区域北部和南部的乡村，因此，综合人口规模、经济基础、地理位置多因素分析，适宜培育考城、堌阳两个乡镇为副中心城区，辐射带动东部地区，使得兰考县域东、西均衡发展。同时，根据坝头乡、谷营镇、仪封乡、南漳镇四个乡镇的发展潜力，适于培育为重点镇，作为衔接区域中心和一般乡镇的纽带。通过城镇体系调整，形成兰考县1个中心城区、2个副中心城区、4个重点镇、7个一般镇、N个农村新型社区的五级城乡等级体系，实现地区产业空间布局优化，重塑中

心城市、副中心城区、重点城镇以及一般城镇之间的产业分工与协作关系，带动周边农村腹地以及整个区域经济社会发展。

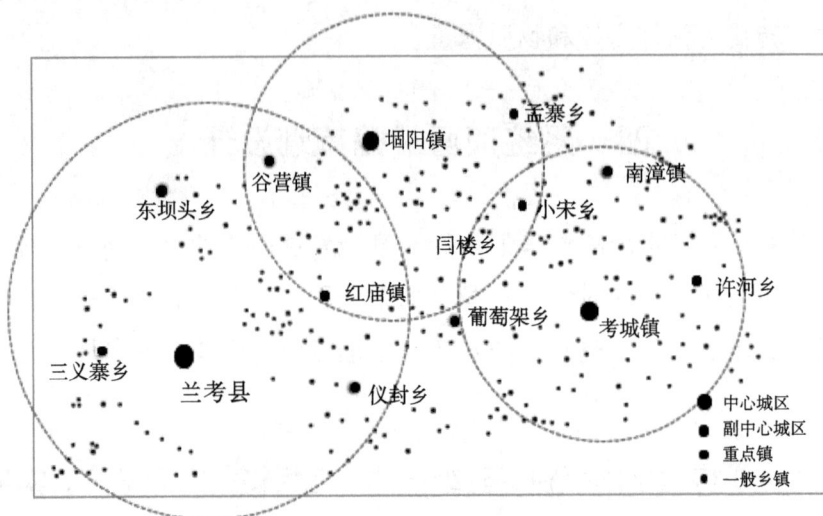

图3 兰考县城镇体系规划

2.四大模式空间布局体现五级城乡特色空间

五级城乡体系的空间布局，按照差别化、模块化的指导策略，分别采用城市空间布局、城镇空间布局、集镇空间布局、乡村空间布局四种模式的空间布局，体现不同级别城镇的空间布局特色。即兰考中心城区及考城、堌阳两个副中心城区采用城市空间布局模式，以土地高效利用构建区域经济发展核心；东坝头乡、谷营镇、仪封乡、南漳镇四个重点镇采用小城镇空间布局模式，重点发挥城市和集镇之间的过渡作用；一般乡镇采用乡集镇空间布局模式，提供基本服务设施、密切联系农村地区；农村地区采用乡村空间布局模式，加快新农村建设，提升生产能力。

3.构建城乡空间建设一体发展格局

城乡道路与水系串联中心城区、副中心城区、重点镇、一般镇、农村社区五级城镇体系，将城乡空间布局、产业发展格局、生态格局整合为"两带、一环"，水田相映、产业融合的有机整体，构建城、产、水、田融合一体的总体空间格局。

沿国道106、省道313及其他县道构建"两带一环"城镇发展轴。基于城乡贯通的交通体系，建设城乡一体的经济发展轴线和基础设施、公共服务设施轴线。构建城乡一体的经济发展轴线；根据城镇等级体系，构建不同类型的增长极，逐级辐射；兰考县中心城区作为县域增长极，带动县域及周边区域发展；考城、堌阳作为副中心城区，带动兰考县东部地区发展。构建城乡一体的公共服务设施及基础设施发展轴线，根据五级城镇体系分类分级配置城乡公共服务设施及市政基础设施。构建城乡一体的生态景观廊道，修复和建设沿河道路和绿带，形成一河一路生态景观、一河两路生态景观，增加河流廊道的联通性，构建融休闲、交通、绿化于一体的河流生态廊道体系。带状生态景观廊道有机串联农田、水域、森林、公园，构建城乡一体生态廊道。滨水廊道滨水绿廊借水景观、建设绿色基底、打造旅游景观节点；构建城镇、道路、景观绿地有机融合的旅游景观廊道。道路绿廊以道路为主线建设绿廊，有效融入城镇街景、田林植被、公园绿地等景观资源，构建集生态、休闲、宜行为一体的生态廊道。

（二）兰考县贯穿五级城乡体系全产业链策划

兰考县实现强县、富民的目标，重点在产业发展，通过产业发展促进城乡统筹发展。针对兰考县城乡经济产业差距大，工业化和城镇化发展水平不高，工业化对城镇化带动不强等问题，构建城乡联动产业链，加强城市和乡村连接，实现产业带动下城市对乡村辐射。

1.兰考县重点承担中原经济区大农业职能

中原经济区国家战略是以中原城市群和郑汴洛都市区为核心及支撑，为中部崛起的重要增长极。兰考为中原经济区的核心发展圈层，

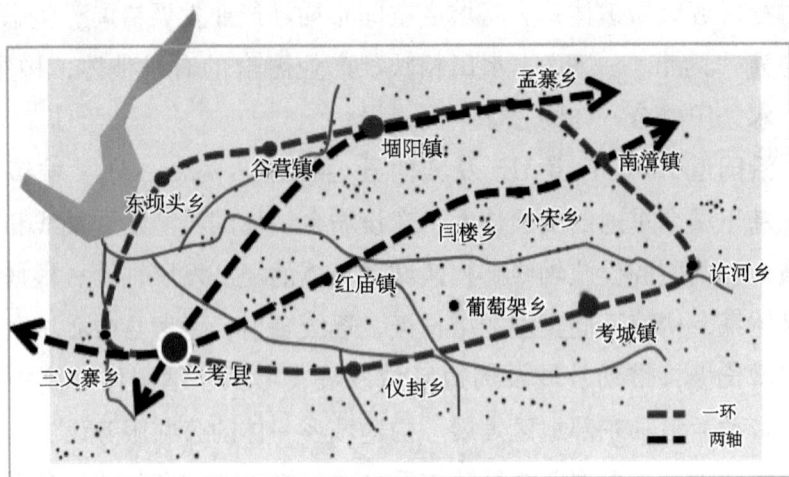

图4 兰考县城乡一体策划

隶属开封市，按照与中心城市郑州、副中心城市开封错位发展的思路，兰考未来城区常住人口规模规划为 50 万 ~ 100 万中等城市，重点承担农副品生产、农副产品加工基地建设、农副产品物流枢纽、先进制造业等以大农业为主的产业链的同时，承接郑州市战略性新兴产业、现代服务业等高端产业转移。

2. 三、二、一全产业链贯通城乡体系，实现工业化带动城镇化

从兰考县自身的经济发展来看，其处于工业化中级阶段不断向高级阶段攀升的过程，产业体系需要向"3 - 2 - 1"高级阶段发展，实现产业化带动城镇化、带动就业的目的。另外，破解城乡差距大，重点在农村，通过产业向农村的延伸，带动农村地区的发展；解决产业对城镇化拉力不足的问题，重点是城乡产业集群建设。因此，通过构建贯穿城乡体系的"3 - 2 - 1"产业的大循环经济的发展路线，实现城乡经济产业一体化发展。

现以兰考县大农业为例，构建资金技术密集型和劳动密集型产业协调发展的格局，实现五级城镇体系产业联动发展，带动农村就业。

中心城区、副中心城区发挥区域中心作用，打造以行政办公、商务会展、交易结算、商业贸易、教育培训、农产品展销展览等以第三产业为主的"3－2－1"的产业结构；重点镇发挥城乡的纽带作用，打造以农副产品深加工、木制品（板材、家具、乐器）深加工、商贸物流、农副产品交易等以二产为主的"2－3－1"的产业结构。一般镇发挥集镇的经济功能，打造以农副产品批发市场、农副产品初加工、林木初加工等以第二产业为主的"2－3－1"的产业结构。乡村地区发挥基地作用，打造林木种植、畜牧业养殖、蔬菜种植、农业及景观种植等基础产业。

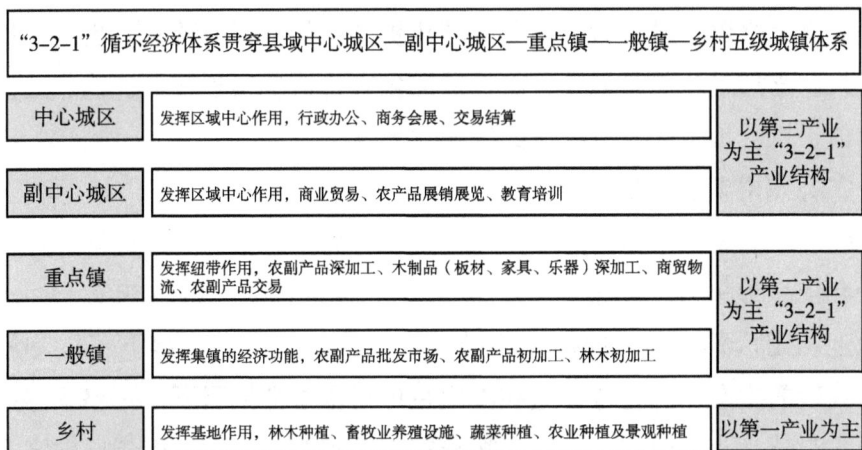

"3-2-1"循环经济体系贯穿县域中心城区—副中心城区—重点镇—一般镇—乡村五级城镇体系		
中心城区	发挥区域中心作用，行政办公、商务会展、交易结算	以第三产业为主"3-2-1"产业结构
副中心城区	发挥区域中心作用，商业贸易、农产品展销展览、教育培训	
重点镇	发挥纽带作用，农副产品深加工、木制品（板材、家具、乐器）深加工、商贸物流、农副产品交易	以第二产业为主"3-2-1"产业结构
一般镇	发挥集镇的经济功能，农副产品批发市场、农副产品初加工、林木初加工	
乡村	发挥基地作用，林木种植、畜牧业养殖设施、蔬菜种植、农业种植及景观种植	以第一产业为主

图5 兰考县五级城镇体系全产业链

（三）挖掘特色文化底蕴，营造文化产业及城市发展软环境

通过挖掘特色文化之内涵，转化升级为产业硬实力，带动全县精神文明的建设，成为全国特色文化升级示范标杆。

1. 安澜黄河富兰考

兰考县位于九曲黄河最后一道弯，历史上黄河泛滥，多次决口改道，为兰考县三害之一。毛主席两次到兰考县视察黄河，1952 年视察东坝头黄河，面对滔滔黄河豪情满怀，发出了"要把黄河的事情办好"的伟大号召；1958 年，又视察了黄河治理和农田水利基础建设。2014年习近平总书记视察黄河，关注黄河防汛及黄河滩区群众生产生活情况。兰考县在党的领导下，通过多年对黄河的治理，实现了人与黄河和谐相处的局面。可见，黄河波澜壮阔下的平静，彰显了兰考人民乃至中华儿女"团结、务实、开拓、拼搏、奉献"的黄河精神。

以黄河文化为核心，建设以黄河自然生态文化基地、黄河滩农业生态基地、黄河历史文化体验基地、安澜黄河民俗文化基地、毛主席视察黄河纪念亭为核心的人文体验基地等，展现黄河精神，开创兰考强县富民之路。通过黄河文化的转化提升，传承黄河精神，提高人民收入，增加当地居民就业，彰显黄河生态价值，实现政治价值、经济价值、社会价值、生态价值的融合发展。

2. 焦裕禄精神镜鉴兰考

兰考县是焦裕禄曾经工作的地方，为焦裕禄精神的发祥地，焦裕禄在依靠带领人民，秉承"亲民爱民、艰苦奋斗、科学求实、迎难而上、无私奉献"的精神，通过治沙、治水、治碱，留下了以泡桐为代表的生态林。兰考县党和人民在焦裕禄精神指引下，一路筚路蓝缕、艰苦奋斗，内涝、风沙、盐碱三害得到有效治理，逐步迈向强县富民之路；县综合实力越来越强大，人民生活越来越幸福。

围绕焦裕禄精神，建设以焦裕禄教育基地、红色影视产业基地、焦裕禄纪念园为核心的历史游览基地、植树造林生态基地、四面红旗村庄实地体验基地等，通过实地传承焦裕禄精神，在提高兰考县经济效益、生态效益的同时，加强党风、政风、社会风气的建设。党和政府工作人员通过实地学习、体验，领悟焦裕禄廉洁、为人民服务的精神，以焦裕禄精神为镜鉴，构建服务型政府；人民群众通过实地学习焦裕禄精神，学习焦裕禄勤劳朴实的精神，构建和谐社会。

3. 国学精神滋养兰考

兰考县仪封乡为"孔子过化"之地。据历史记载，孔子周游列国途经此地，当地乡绅、学士邀请孔子逗留讲学，并竖"请见夫子处"碑以纪念。后被康熙皇帝誉为"天下第一清官"的张佰行，也在当地修建"请见书院"，以弘扬儒家文化思想。今日，开发建设"封人请见夫子处"，成为仪封乡一张名片。

建设集"封人请见夫子处"为代表的国学教育基地、孔子文化基地、民俗教育基地等集文化教育于一体的国学产业基地。构建与兰考经济相适应的当代伦理教育体系，传扬国学之精髓，提升人们的精神境界，培育人们的道德情操，全面提高文化素养，增强民族自豪感和凝聚力。

五 县域地区顶层设计模式探析总结

发展中的县域地区通常与兰考县现状与存在问题有异曲同工之处，普遍存在经济水平低、产业结构不合理、城乡发展不平衡等方面的问题，因此本文基于兰考县空间引领下城乡统筹顶层设计实践案例，梳理出通用于中国县域地区科学发展的理论模式，指导县域地区城镇化发展。

根据县域地区科学理论模式，建议顶层设计的具体内容为：一是探索强县富民城乡融合发展路径，构建具有自身特色的城乡经济一体化，为强县富民提供经济保障；城乡生态一体化，为强县富民提供环境支撑；城乡精神一体化，为强县富民提供动力源泉；城乡空间建设一体化，是城市与乡村贯通的物化表现等。二是探索城乡体制机制创新化，实现城乡全面发展。公共财政体制改革促城乡基本公共服务均等化；户籍制度改革促人口转移；土地制度改革促经济方式转变；产业支持政策创新促招商引资；金融服务体系改革促经济发展。三是探索提高运营效能；通过城乡一张图与一张表，明确时空顺序，保障改革与发展成果。

（一）精神与文化传承发展模式

中国精神与文化不但是一个人的"精气神"，也是一个国家和民族的"精气神"。通过精神与文化传承策划，政治上形成凝聚力，树中华民族之魂，党和政府在中国精神的指引下，建设服务政府、责任政府、法治政府、廉洁政府，充分调动人民积极性；经济上与旅游结合，带动民族产业发展，成为强县富民的重要一极；文化上继承中国精神、延续中国文脉，通过中华民族复兴的正能量传播，为实现"中国梦"凝聚起强大的精神力量和有力的道德支撑。

精神与文化传承的具体方式有，第一，文化"硬环境"策划，由文化资源向文化产业优势转变策划。一是由文化产业项目带动大文化产业发展；二是通过城乡风貌建设提炼出文化元素和文化符号，传达本地的特色文化内涵。第二，文化"软环境"策划，从制度和道德两个层面营造积极向上的文化氛围，通过精神与文化节庆活动、影视作品、广播宣传、书籍等，指引人们树立正确的价值观、世界观、人生观。

（二）新型复合经济发展模式

新经济模式并非颠覆或者抛弃传统产业，而是在传统产业基础上融合软件新技术构建复合经济模式，通过传统行业的跨界整合及同行强强联手，形成传统产业＋环保技术的循环经济，传统产业＋互联网的平台经济，传统产业＋信息传感的跟踪经济，传统行业＋金融的融合经济。

发展中的县域城市若是没有特殊政策支持，其发展大多是遵循城市一般规律，需要经过由工业化初级阶段向中高级阶段发展过程，而发展中城市多处于工业化的中级阶段，不可跨越传统工业带动服务业和基础农业的 2 - 3 - 1 或 2 - 1 - 3 的发展路径。但在新经济模式下，传统产业升级发展，一方面促进就业，带动城镇化发展；另一方面能增加产业的附加值。因此，发展中的县域地区，需要复合经济模式，即实现产业集群化发展，产业整合式发展。

（三）不同级别问题导向下个性化发展模式

顶层设计策划过程是在解决问题过程中，促使城乡向更加合理的方向发展。发展中县域地区面临的问题一方面具有地域特点，另一方面多为系统性、综合性问题；因此问题导向思维与科学系统思维应为顶层设计策划的常态思维。针对地方具体问题，分析形成问题的诸多因素，采用系统规划策略，综合解决发展中县域地区面临的问题。其系统解决方案，不能局限于常态的以战略、产业、空间为主体的系统策划，而是根据地方具体问题，或者是精神文化建设引领下系统策划，或者是空间策划引领下系统策划，或者是金融引领下的系统策划，或者是交通引领下系统策划等。

（四）"硬策划"与"软策划"相结合的混合型发展模式

破解地方城乡面临问题的解决方案制订与实施过程中牵涉城市社会、经济、文化、生态、法律、政策、金融、城建等多方面问题。可见，其问题既有硬性因素，也有软性因素；需要遵循城市发展规律与发展方向，制订"软策划"与"硬策划"相互配合的顶层设计策划方案。主要通过城乡干部、人民精神建设，形成合力着重在经济产业、文化传承、城乡建设、生态建设、体制机制改革等方面重点寻求突破，共促县域地区的科学发展，实现强县、富民的目标。

（五）城市生态 + 产业生态融合发展模式

发展中县域地区需要再就业及农村劳动力转移就业人口基数较

大，通过产业规划及项目实施，实现就地城镇化。县域地区城市发展一般遵循工业化初级阶段—中级阶段—高级阶段的发展规律，遵循城市及产业发展规律建立能够转移就业的产业体系。处于中级发展阶段的县域地区，适宜城乡资金技术密集型和劳动密集型相结合工业带动下的 2 - 3 - 1 或 2 - 1 - 3 产业发展路径，利于解决当地农村劳动力的转移，加速城镇化进程；处于高级发展阶段的县域地区，适宜向高端产业发展，走第三产业带动下的 3 - 2 - 1 或 3 - 1 - 2 产业发展路径，利于优化城镇化。

发展中县域地区发挥后发优势，避免先污染后治理的老路，生态建设融入产业、城市建设中，构建城田相融的城镇形态、水田相映的城镇环境、产业相生的城市经济、人城相宜的城市生活、古今相承的城市文化，实现城市产业、生态协调统一。

（六）区域与城乡整体发展模式

从大区域综合发展看，应主动融入区域发展大格局。第一，把握区域经济发展机遇，找准在区域中的定位，与中心城市、副中心城市构建合理的梯级体系；第二，借势发展，与区域城市在生态环境共治、产业合作、城市功能互补等方面形成互利互惠之态势，形成纵向的产业链条，横向产业联动；第三，发挥后发优势，积极承接区域中心城市产业转移，为产业转移创造良好环境。

从县域地区自身发展模式看，破解城乡二元结构，城镇带动乡村发展，重点是城乡空间、经济、产业、生态、文化、建设等方面一体化发展。

第一，城乡空间的协调发展。层级明确均衡发展城镇体系，各级城镇配套不同级别的服务设施，中心城市、副中心城市作为区域核心增长极，逐级辐射带动全域发展，实现城乡空间的区域平衡。

第二，城乡经济产业一体化发展。一是城镇发展轴线串联各级城镇，构建点－轴发展模式，区域中心城区、副中心城区作为经济中心沿交通线路向乡村区域纵深地发展推移；二是城乡产业集群化发展，由工业化中级阶段第二产业带动下的 2 - 3 - 1 或 2 - 1 - 3 产业路径逐步向工业化高级阶段第三产业带动下的 3 - 2 - 1 的产业发展路径发展；通过中心城市、副中心城市现代服务业带动重点镇及一般镇的工业发展，进而带动乡村的基础产业发展。

第三，城乡生态协调发展。一是"山水林田"生态景观带与旅游结合，完善"山水林田"生态景观格局，拓展生态旅游新空间；建设融生态、景观、交通、产业、文化于一体的产业廊道、生态廊道、景观廊道；二是道路绿化景观带，构建融合生态产业、融合生态的城市格局，实现经济产业生态化及城市生态化。

第四，城乡精神文化一体化。一是全域精神文明建设，重点是党和政府的思想建设，坚定为民服务的信念，促进经济社会向正确方向发展。群众思想道德建设，重点转变人民的思想观念、生产生活习惯和提高致富能力，树立正确世界观、人生观、价值观。二是文化向产业升级，将地方特色文化资源升级为产业及项目，转化为经济资源。三是文化的物质化，通过城乡风貌建设，凸显城乡文化内涵；城市建设应该用现代建筑艺术手法体现传统文化，构建既传承历史又融合现代风韵的城乡风貌；乡村建设，注重原生态的保留，突出乡土气息，合理布置村落格局，尊重自然、顺应自然。

第五，城乡建设的协调发展，主要是城乡基础设施和公共服务设施的一体化。以"保障民生"为目的的城乡公共设施和基础设施软硬件的贯通，具体包括教育资源配置、医疗卫生、居民居住、人民生活和社会保障等方面硬件设施配置及体制机制改革。教育是民生保障的基础，开展多种形式的教育，满足不同人群需求，如就业培训、技能培训等；教育资源分为基础教育和非基础教育两类进行配置。公共医疗卫生是民生保障之要，分级、分类地设置公共卫生体系，健全覆盖城乡基本医疗卫生制度，解决因病致贫的问题。居住是民生保障重点，保障居者有其屋，主要包括保障性住房、危旧房、棚户区、廉租房、城中村、农村地区集中安置；社会保障是民生保障之依，健全覆盖城乡居民的社会保障体系，完善养老、基本医疗、工伤险、失业、生育等社会保险制度，保障城乡居民基本生存权利。

六　县域顶层设计意义小结

顶层设计策划通过为社会创造价值，诠释了党和政府为民服务的使命，践行"中国梦"，实现县域地区社会、经济、生态、政治等综合价值可持续发展，共促社会科学发展。促使城市创新驱动、内生增长，构建产、城、生态的融合发展模式，改善城乡环境，促进城镇化内涵式增长，即速度型、效益型、质量型共同发展的城镇化；城乡复合产业链联动发展，促使经济从资源驱动向创新驱动转变和战略驱动转变，为城市创造了持续动力源，促进就业；精神文明建设和文化的传承，树立了社会主义核心价值观。

参考文献

［1］《顶层设计释义》，百度百科。

［2］许学强、周一星、宁越敏：《城市地理学》，高等教育出版社，1996。

［3］全国城市规划执业制度管理委员会：《城乡规划法律法规文件汇编》，中国计划出版社，2011。

B.8
"四看"法——贵州迤那的
精准扶贫经验

安治民*

摘　要：　贵州迤那精准扶贫"四看"法，从贵州迤那实际出发，贯彻习近平总书记强调的"扶贫开发贵在精准，重在精准，成败之举在于精准"要求，结合群众脱贫实践创新的成功经验而制定。贵州是全国除西藏、甘肃、新疆之外，贫困发生率最高的省份。集全民之智，坚持开发式、精准式扶贫的方针，在扶贫开发工作中透过现象看本质，采取"一看房，二看粮，三看劳动力强不强，四看家中有没有读书郎""四看"法，完善贫困识别机制，以确保精准扶贫。

通过完善贫困识别机制，切实解决了"为谁扶贫"的问题；经过干部群众4年的不懈拼搏，迤那共实施项目建设582个，完成投资10.9亿元。这些成绩的取得，最关键的是迤那镇党委和政府结合自身实际，充分调动人民群众脱贫致富的积极性和主动性，在扶贫攻坚实践中创造了精准扶贫"四看"法，对贫困户实行动态管理，因地制宜、因户施策，形成了精准扶贫"四看"法贫困户动态管理指标体系，这套指标体系很

---

* 安治民，中共贵州省委党校贵州行政学院副教授、博士。

有科学和实践价值，探索出了一条贫困地区精准扶贫的新路子。总结其实践经验，有利于推动"精准扶贫"工作，具有理论和实践价值。

关键词： 贵州迤那　精准扶贫　"四看"法

一　引言

贵州由于受历史原因、资源禀赋、区位条件、基础设施等诸多因素的制约，贫穷落后一直是其醒目的标签。按照国家扶贫标准2300元（2010年价）测算，贵州现有农村贫困人口623万人，贫困发生率18%，占全国总数的8.9%。比全国平均水平高10.8个百分点，是全国除西藏、甘肃、新疆之外，贫困发生率最高的省份。全省88个县市区中，国家扶贫开发工作重点县50个，省定有扶贫开发任务县33个；有934个贫困乡（镇）和9000个贫困村。在国家确定的"11+3"集中连片特困地区中，涉及贵州省的有武陵山区（16个县）、乌蒙山区（10个县）、滇桂黔石漠化区（44个县）三个片区70个县，覆盖全省85.3%的面积，90.7%的贫困人口、87.6%的贫困乡镇、84.3%的贫困村、82.5%的民族乡镇。扶贫攻坚任务十分繁重和艰巨。

虽然贵州的扶贫工作面临种种困难，但是，新一届中央领导集体高度重视扶贫开发工作，从战略和全局高度把扶贫工作摆到了更加突出的位置，提出一系列新论断、新任务、新要求，这对贵州扶贫开发工作的推进是一个重大的历史机遇。习近平总书记强调"扶贫开发贵在精准，重在精准，成败之举在于精准"。

贵州省不断创新扶贫开发工作机制，通过精准识别，精准帮扶，精准管理来加快农村贫困人口早日实现脱贫致富奔小康的目标，这其中涌现出了不少典型的案例，威宁自治县西北部的迤那镇就是其中之一。

贵州威宁自治县西北部的迤那镇，辖3个党工委、15个村（社区）、95个村民组，国土面积205.36平方千米，耕地面积11.8万亩，总人口9598户41012人。原属省级二类贫困乡镇，在15个村（社区）中有13个贫困村。经济社会发展长期滞后，生态环境极度脆弱，基础设施建设落后，房屋破旧，交通不便，群众生活极端困难，2009年农村居民可支配收入为2583元。"石漠化、风沙大、烈日悬空雨难下"，"七分种、三分收、苞谷洋芋度春秋"是过去迤那人民生存环境恶劣和生活条件艰苦的真实写照。2011年以来，在中央的关心支持下，在省、市、县的大力帮助下，迤那镇抓住国家在扶贫开发总体战略部署中释放出的政策红利，结合自身实际，因地制宜，举全镇之力、集全民之智，坚持开发式、精准式扶贫的方针，在扶贫开发工作中透过现象看本质，采取"一看房，二看粮，三看劳动力强不强，四看家中有没有读书郎"的"四看识真贫"科学方法，一改过去的粗放扶贫为现在的精准扶贫，通过完善贫困识别机制，切实解决了"为谁扶贫"的问题；通过提高扶贫精准度，"三支队伍"扶真贫，切实解决了"谁去扶贫"的问题；通过因户施策重落实，"六个到村到户"真扶贫，切实解决了"怎么扶贫"的问题。

经过干部群众4年的不懈拼搏，迤那共实施项目建设582个，完成投资10.9亿元。这些成绩的取得，除了上级领导的关心和重视外，最关键的是迤那镇党委和政府结合自身实际，充分调动人民群众脱贫致富的积极性和主动性，在扶贫攻坚实践中创造了精准扶贫"四看"法，对贫困户实行动态管理，因地制宜、因户施策，形成了精准扶贫"四看"法贫困户动态管理指标体系，探索出了一条贫困地区精准扶贫的新路子。

二 精准扶贫"四看"法指标体系的制定原则

在具体扶贫开发工作中，迤那镇始终坚持以人为本，重视民生保障，通过实施精准扶贫，对扶贫对象实行精细化管理、对扶贫资源实行精确化配置，对扶贫对象实行精准化扶持，扶真贫、真扶贫，确保扶贫资源真正用在扶贫对象身上，真正使贫困地区群众得到真实惠。在制定精准扶贫"四看"法贫困户动态管理指标体系时，一是强调参照国家政策，注重普适性。指标体系充分体现"两不愁、三保障"目标任务（即到 2020 年稳定实现扶贫对象不愁吃、不愁穿，保障其义务教育、基本医疗和住房），着力解决好"两无"人口（即一方水土养不了一方人、无业可扶的贫困地区人口和丧失劳动能力、无力脱贫的贫困人口），对贫困人口实行动态管理。二是强调参照行业标准，注重规范性。指标体系与国家及行业现行政策、法规、规划、意见的要求相一致、相协调，充分参考和使用了国家标准或行业标准，并与相关工作统筹协调推进。能参考国家政策要求、国家标准或行业标准的，尽量等同引用；需要综合统筹权衡的，尽量体现全面性。充分考虑全镇各村的水平差异，遵循保住底线并适当超前，一些指标体现最大公约数，保底线。三是强调结合地方实际，注重可操作性。指标体系所涉及的四个方面的内容是农村家庭生存和发展的基本需求，采用定性要求与定量指标相结合的方式，综合考虑全镇各村差异性，提炼共性部分，确定指标体系内容框架，并在指标设计时充分考虑时间延展性，注重适用性。

三 精准扶贫"四看"法指标体系的主要内容及分值

具体来说，"四看"法指标体系分为四项，为百分制，各项内容及分值如下：

（1）"一看房"，就是通过看农户的居住条件和生活环境，估算其贫困程度，占20分。

（2）"二看粮"，就是通过看农户的土地情况和生产条件，估算其农业收入和食品支出，占30分。

（3）"三看劳动能力强不强"，就是通过看农户的劳动力状况、劳动技能掌握状况和有无病残人口，估算其务工收入和医疗支出，占30分。

（4）"四看家中有没有读书郎"，就是通过看农户在校生现状等，估算其发展潜力和教育支出，占20分。

指标体系具有三种功能：一是精准识别功能，根据上述四项指标，对人均纯收入在2300元以下（2010年不变价）的贫困农户进行综合评分，确定贫困程度，总分在60分以下的为贫困户，解决好"扶持谁"的问题。二是精准扶贫功能，根据对贫困户指标体系评价的内容，进行针对性的扶持，分户施策，扶到点上、扶到根上，解决好"怎么扶"的问题。三是精准脱贫功能，对综合评分总分在60分以上的农户视为已经脱贫，其中，60—80分的为容易返贫的农户，需进一步跟踪巩固，80分以上的为稳定脱贫，退出扶贫程序，解决好"谁脱贫"的问题。

四　精准扶贫"四看"法指标体系的主要参考依据

（1）农村危房：以《贵州省农村危房评定暂行标准》为依据。

（2）人均住房面积：依据《2012年贵州省国民经济和社会发展统计公报》中"农村居民人均住房面积29.75平方米"、《贵州省农村危房改造试点实施方案》中规定危房改造"建房面积一般不少于人均20平方米"，设置三个档次。

（3）劳动力：参照《中华人民共和国劳动法》和国务院关于退休的相关规定，结合《贵州省贫困户登记表》指标解释相关内容，男性16~65岁、女性16~60岁，并具有劳动能力。

（4）残疾：以国家标化委等部门颁布的《残疾人残疾分类和分级》为依据。

（5）人均经营耕地面积：以2014年9月发布的《贵州省第二次土地调查主要数据成果公报》中"全省人均耕地0.115公顷（1.67亩），略高于全国人均0.101公顷（1.52亩）"为依据。

（6）人均口粮：以《贵州省人民政府关于建立农村低保季节性缺粮户粮食救助制度的意见》（黔府发〔2011〕16号）文件中救助条件之一"人均年自产粮食低于330斤"为依据。

（7）其他指标：主要是水、电、路、农村经济、教育、务工收入等指标，均来自省有关部门提供的行业标准和威宁自治县及迤那镇的工作实践。

五　精准扶贫"四看"法指标评价体系

（一）精准扶贫"一看房"指标评价体系

1. 评定内容

通过看农户的居住条件和生产生活条件，估算其贫困程度。

2. 指标设置

（1）住房条件。主要评价农户住房以及危房等级评定的情况。

（2）人均住房面积。主要评价农户人均自有住房面积情况。

（3）出行条件。主要评价农户出行道路的通畅情况。

（4）饮水条件。主要评价农户安全饮水情况。

（5）用电条件。主要评价农户用电情况。

（6）生产条件。主要评价农户拥有农机具情况。

3. 评分标准

本项指标总分20分，其中：住房条件5分、人均住房面积5分、出行条件4分、饮水条件2分、用电条件2分、生产条件2分（见表1）。

表1　精准扶贫"一看房"评分标准

评价内容及分值	评分标准	标准值
住房条件(5分)	有安全住房	5分
	二、三级危房	3分
	一级危房(或无房)	0分
人均住房面积(5分)	30平方米以上	5分
	10～30平方米	4分
	10平方米以下	2分
出行条件(4分)	通硬化路	4分
	通路未硬化	2分
	未通路	0分
饮水条件(2分)	有安全饮用的自来水	2分
	有供人饮用的小水窖或集中取水点	1分
	没有解决安全水问题	0分
用电条件(2分)	"同网同价"，有一些家用电器	2分
	没有"同网同价"，但用电有保障	1分
	用电没有保障	0分
生产条件(2分)	有农机具	2分
	无农机具	0分

4. 扶持方向

（1）大力实施农村危房改造工程。对贫困户建房时间、房屋结构、房屋面积等情况进行调查回访、审核确认、张榜公示，逐村逐户建立档案，采取集中和分散相结合，视家庭收入情况、人员构成情况，合理确定改造面积和资金投入，让贫困农户真正受益。

（2）大力实施扶贫生态移民搬迁工程。坚持农民自愿、先易后难、突出重点、鼓励探索的原则，逐步将居住在深山区、石山区、"一方水土养不起一方人"、无业可扶的贫困人口搬迁到城镇和园区，做到实施一个搬迁项目、安置好一方群众、实现一方人脱贫。

（3）大力实施农村基础设施建设工程。以"四在农家·美丽乡村"创建活动为抓手，加快实施"小康路、小康水、小康房、小康电、小康讯、小康寨"基础设施建设六项行动计划，改善农村生产生活条件，提高农民生活水平，用基础设施支撑产业发展和民生改善。

（二）精准扶贫"二看粮"指标评价体系

1. 评定内容

通过看农户的耕地和家庭经营情况，估算其农业收入和食品支出。

2. 指标设置

（1）人均经营耕地面积。主要评价农户人均实际经营耕地面积的情况。

（2）种植结构。主要评价农户人均拥有经果林面积、人均经济作物收益以及土地流转情况。

（3）人均占有粮食。主要评价农户人均占有粮食情况。

（4）人均家庭养殖收益。主要评价农户家庭人均养殖收入的情况。

3. 评分标准

本项指标总分30分，其中：人均经营耕地面积8分、种植结构8分、人均占有粮食6分、人均家庭养殖收益8分（见表2）。

表2 精准扶贫"二看粮"评分标准

评价内容及分值	评分标准		标准值
人均经营耕地面积(8分)	2亩以上		8分
	1~2亩		6分
	1亩以下		4分
	没有耕地		0分
种植结构(8分)(注:经果林或经济作物其中一项最高可得8分,但两项之和不能超过8分)	人均经果林面积	1亩以上	8分
		0.5~1亩	6分
		0.5亩以下	4分
		没有经果林	0分
种植结构(8分)(注:经果林或经济作物其中一项最高可得8分,但两项之和不能超过8分)	人均经济作物收益	500元以上	8分
		300~500元	6分
		200~300元	4分
		200元以下	2分
	没有经果林和经济作物,但流转土地给他人(每增加1亩分值相应增加2分,最高不得超过种植结构的总分8分)		2分
人均占有粮食(6分)	330斤以上		6分
	210~330斤		4分
	210斤以下		2分
人均家庭养殖收益(8分)	1000元以上		8分
	500~1000元		6分
	200~500元		4分
	200元以下		2分

4.扶持方向

(1)产业扶持到户。按照宜农则农、宜林则林、宜牧则牧、宜游则游的原则,根据群众意愿选择项目,实行规划到村、项目到户、增收到人,什么赚钱种养什么,加快形成一批特色优势产业村、种养户，把扶贫资金真正落实到每村每户的产业项目上。

（2）收益落实到户。明确资金支持重点，调整资金分配方式，实施"一村一品"产业培育工程，采取直接补助、先建后补、以奖代补等方式支持农业产业发展，以扶贫资金作价入股龙头企业、专业合作社，让贫困户获取分红、务工、土地流转等收益。采取贴息贷款方式，支持贫困户发展二、三产业，实现增收脱贫。

（3）资金分配到户。让扶贫对象明明白白知道自己得到了什么扶持、得到了多少扶持，将教育补助资金、政府贴息资金和社会救助资金打卡到户，对产业发展实行物资帮扶到户，做到扶贫对象"手上有卡、卡中有钱，产业发展有保障"，确保扶贫资金和项目物资真正落实到贫困户身上。

（三）精准扶贫"三看劳动能力强不强"指标评价体系

1. 评定内容

通过看农户的劳动力状况、劳动技能掌握状况和有无病残人口，估算其务工收入和医疗支出。

2. 指标设置

（1）劳动力占家庭人口数。主要评价农户家庭拥有劳动力的情况。

（2）健康状况。主要评价农户家庭成员健康状况。

（3）劳动力素质。主要评价农户家庭主要劳动力的文化程度、掌握适用技术及参加培训的情况。

（4）人均务工收入。主要评价农户家庭成员人均务工收入情况。

3. 评分标准

本项指标总分30分，其中：劳动力占家庭人口数8分、健康状况8分、劳动力素质8分、人均务工收入6分（见表3）。

表3 精准扶贫"三看劳动能力强不强"评分标准

评价内容及分值	评分标准		标准值
劳动力占家庭人口数（8分）	50%以上		8分
	40%		6分
	20%以下		3分
	没有劳动力		0分
健康状况（8分）	家庭成员健康		8分
	主要劳动力健康，其他成员有不同程度残障或病患		6分
	主要劳动力患有疾病，部分丧失劳动力		4分
	家庭成员残障或常年多病		2分
劳动力素质（8分）（注：两项指标如同时出现几种因素的，以最高分计算）	文化程度（4分）	初中以上	4分
		小学	2分
		文盲	0分
	培训（4分）	掌握1门以上适用技术	4分
		参加过培训但未完全掌握适用技术	2分
		既未参加过培训又不掌握适用技术	0分
人均务工收入（6分）	1000元以上		6分
	500～1000元		4分
	500元以下		2分
	没有务工收入		0分

4.扶持方向

（1）医疗保障到户。对因病致贫的贫困户，加大医疗救助力度，缓解贫困家庭生存压力，构建农村安全保障网。对已经丧失劳动能力、无力脱贫的人口，发挥政府的兜底作用，逐步提高保障标准，保障其基本生活。

（2）技能培训到户。对有劳动能力的贫困户，采取1户1人接受中职以上学历教育、1户1人接受培训后转移就业、1户1人掌握农村实用技术的方式，有针对性地对贫困户进行技能培训和创业培训，确保培训一人、就业一人、稳定一家、脱贫一户。

（3）帮扶责任到户。发挥驻村扶贫工作队的作用，实施干部与贫困户进行结对帮扶，帮助贫困群众分析致贫原因，找准脱贫门路，加快脱贫致富步伐。鼓励各类企业、社会组织和个人以多种形式与贫困户建立利益联结机制。

（四）精准扶贫"四看家中有没有读书郎"指标评价体系

1. 评定内容

通过看农户家庭教育负债情况和在校生现状，估算其教育支出和发展潜力。

2. 指标设置

（1）教育负债。主要评价农户家庭教育负债、因学致贫情况。

（2）教育回报。主要评价农户家庭拥有在校生的情况。

3. 评分标准

本项指标总分20分，其中：教育负债12分、教育回报8分（见表4）。

表4　精准扶贫"四看家中有没有读书郎"评分标准

评价内容及分值	评分标准	标准值
教育负债(12分)	没有负债	12分
	5000元以下	8分
	5000~10000元	4分
	10000元以上	0分
教育回报(8分)(注:如同时出现几种因素的,以最高分计算)	有大专(或高职)以上在校生	8分
	有高中(或中职)在校生	4分
	有初中以下在校生	2分
	没有在校生	0分

4.扶持方向

（1）基础教育方面，把教育作为挖穷根的治本之策，确保贫困人口子女都能接受良好的基础教育，不输在起跑线上。实施农村学生营养餐计划，对贫困家庭中有初中生和小学生的，解决好学生生活、学习方面的困难。

（2）职业教育方面，鼓励开展职业教育，实施教育"9＋3"计划，免除中等职业教育学校在校生学费并享受国家助学金，让每个贫困家庭的孩子学到一门技术，提高就业创业能力，切断贫困代际相传的根源。

（3）教育负债方面，对家中有高中及大专（或高职）以上就读生的，实施"雨露计划"、"芙蓉学子"等助学工程，协调金融部门实施助学贷款、联系社会爱心人士结对帮扶等方面的支持，切实减轻贫困家庭学业负担，使其子女顺利完成学业。

六　精准扶贫"四看"法的效果与经验

扶贫济困，贵在精准。只有在精准识别的基础上，才能科学治贫。据统计，2014年迤那镇生产总值达4.95亿元，比2009年增长425.18％；财政收入达2480万元，比2009年增长257.86％；固定资产投资达7.34亿元，比2009年增长1985.23％；存款余额达1.82亿元，比2009年增长465.22％；贷款余额达1.02亿元，比2009年增长316.33％；城镇居民人均可支配收入达23750元，比2009年增加18050元；农民人均可支配收入达7255元，比2009年增加4672元。贫困发生率从2009年的25.8％下降到9.7％，贫困人口从2009年的2413户8447人减少到1248户3993人。

迤那镇的扶贫实效进一步说明了，在扶贫开发工作中，要因地制宜，因户因人施策，才能扶出成效。以往市场化的扶贫机制会产生绝对贫困人口的挤出效应，要想提高对绝对贫困人口的扶贫效果，在坚持分类、分层施策外，还要结合村域经济发展和产业项目市场信息来统筹规划、整村推进，只有这样才能为精准帮扶贫困群众创造条件。

迤那镇的扶贫实践给我们以下几个方面的启示：一是实施精准扶贫必须突出"精准"，注重统筹推进。扶贫开发的基本对象是贫困人口，以往的贫困人口数量是根据统计的抽样数据测算出来的，到底谁是贫困人口、分布在哪里、致贫原因何在、怎样才算脱贫，很多方面不太清晰。迤那镇从摸清底数入手，做到识别贫困对象精准、致贫原因分析精准、扶贫措施制定精准、项目资金投入精准、组织保障跟进精准，完善贫困的识别机制，变"大水漫灌"式扶贫为"滴灌"，较好解决了底数不清、指向不明、针对性不强的问题，从而增强了扶贫工作的针对性。二是实施精准扶贫，必须有的放矢。单位越小越精准，内容越实越精准。单位必须体现因地制宜、因户施策，内容必须体现针对性、个性化、可操作的要求，不能千篇一律，"一锅煮"、"一船拖"，眉毛胡子一把抓。迤那镇一把钥匙开一把锁，较好解决了"到底谁穷"、"到底为什么穷"的问题，有效避免了"新瓶装旧酒"现象的发生。三是实施精准扶贫，必须激发内生动力。迤那镇充分调动人民群众的力量和智慧，从而抓好了工作的落实，较好地避免了有了政策难以执行、有了方案不能推动、有了督查组不能开展工作、光打雷不下雨的窘境。此外，还要下大力气解决好"如何退"的问题，设定时间表，留出缓冲期，加强严格评估，实行逐户销号，防止"数字脱贫"，防止"平均数掩盖"，防止"富戴穷帽"，防止"脱贫即返贫"，努力做到脱贫成效精准。

规 划 篇

Planning Features

B.9

基于"大城市病"治理目标的城市功能布局规划理论探索

——以北京城市功能结构调整理论分析为例

段元强　尚洁[*]

摘　要：　本文系统分析了北京中心城区房价分布特征、人口居住分布特征、工作岗位分布特征，并进一步进行了居住分布特征与工作岗位分布特征的叠加分析，从而得出北京市产生"大城市病"的主要根源。在此基础上以问题为导向，提出根治"大城市病"，实现"职住平衡"的主题产业组团发展策略，并提出了实现"职住平衡"的配套策略，期望对治理北京市"大城市病"

---

* 段元强，高级城市规划师，当代城乡发展规划院；尚洁，高级城市规划师，泛华建设集团有限公司。

有一定借鉴意义。

关键词： 大城市病　职住平衡　主题产业　产业组团布局

一　北京市现状就业与居住功能分布特征分析

北京市的整体城市功能定位是：中华人民共和国的首都，全国政治中心、文化中心，世界著名的古都和现代化国际城市。

围绕这一功能定位目标，结合京津冀一体化协同发展，北京市近几年将不适合首都功能的相关产业通过与天津、河北的主动衔接，进行了有序的梯级转移，在缓解北京市"大城市病"，为北京市首都政治服务功能、高端产业功能发展置换更多的空间资源方面，取得了显著的成果。但也应看到北京市作为一个具有两千多万人口的超级大都市在主城区功能结构空间布局方面仍存在一些不尽合理的特征。

（一）相同类型就业岗位由于产业布局的无序分散而无序分散

从主城区产业分布现状可以看出，由于多年长久积累，主城区产业分布整体呈第三产业、第二产业、第一产业圈层式递变；以CBD、金融街、中关村核心区为代表的商务办公与科技研发集聚区以及以亦庄、中关村海淀园、临空经济区等为代表的重点工业区产业功能极化集聚；部分商务办公与科研单位整个中心城区内小规模多点分布；即使在同一产业园区也存在多种行业并存，多个不同产业园区之间产业或行业同质化分布等四种产业分布特征并存。

由于产业分布呈现以上特征，相应的相关就业岗位也呈现三、二、一产业就业岗位分布圈层性；主要产业功能集聚区就业岗位分布集聚性；一定量商务办公与科研单位就业岗位随着写字楼的分散分布而呈现小规模多点分布；多个产业园区同类产业或行业岗位多点分布等的多种特征并存。

（二）住宅价格随居住用地区位变化呈圈层性递减分布，居住区人口规模呈现1～5环圈层先递增后递减的分布规律

由于中心城区用地结构中产业用地比重过高，产业功能区大规模不断扩张，而居住与相应的基础生活服务空间没有同比增加，中心城区大部分区域出现了职住比偏高现象，居住用地与住宅资源比例偏低。从与国际其他城市比较来看，北京的产业用地比重也偏高，目前北京市工商用地比重为22.9%，居住用地、交通用地、公共绿地比重为46.9%，而纽约、伦敦、东京等国际城市工商用地为5%～12%，居住、交通和绿化用地一般为69%～86%。

由于大部分优质公共服务资源及薪资有竞争力优势的工作岗位大都集中于主城区四环之内，住房资源的有限，使得房地产价格与租金大致呈现以主城区核心为基点向外逐渐降低的特征。房价的圈层递减，城区外围到中心城区上班时耗随距离增大而逐渐递增，两个影响因素的叠加相抵，导致居住人口的聚集规模规律呈现从一环到四环、五环逐渐递增，而后五环到五环外快速递减的规律。五环是主城区一小时生活工作圈的地铁时空极限距离。

二 从就业与居住功能空间分布特征叠加角度 分析城市日常运营存在的问题

住房区位的选择不像单位办公地点的选择那样有更多的考虑因素。在就业岗位大部分集中于中心城区四环之内分散分布的现状前提下，住房价格或租金可承受程度以及日常到工作地点的可接受的交通时间成本成为广大上班族选择居住地点的主要考虑因素，而非主动接

近就业地点，实现短距离的职住平衡。

由于住房价格的圈层性分布，在京就职的中青年（就业主力军）购房经济能力，就业人员的跳槽流动性，同类产业或行业的多个单位大范围内集中于中心城区，但全城范围内分布分散性，导致实现居住与就业就近平衡的困难。中心城区的高房价，使绝大多数中青年购房者在中心城区只能"立业"，难以"成家"。即使有移居中心城区的换房机会，由于又存在跳槽换工作可能，同类工作地点全城分散分布的原因，加上子女教育权的争取等原因，不可能根据就业地点的改变就很自由改变居住地点。而居住与就业距离太远，导致有可能"有房也要租房"的现象的发生，也降低了住房资源的有效利用。

以房价与上班出行时耗为主要考虑因素的居住地选择导致的住区向外圈层分布和各类行业单位集中于中心城区散点分布，是中心城区内部、中心城区与外围卫星新城之间 O-D（ORIGIN-DESTINATION）线路多、线路长、交通压力大、交通能耗高、上班族时间成本高、企业间商务沟通成本高的首要影响因素。虽然面向全国的公共服务也会吸引一定的外来人口，造成交通压力，但那些应该只占很小的一部分。"大城市病"最主要的原因是圈层式的房价分布导致的主力就业人口分布与集中于中心城区但行业单位就业岗位无规律分散，引起的交通需求大，效率低的交通服务（无论是私家车，还是地铁公交交通流量，交通需求量越大，则城市整体运营效率越低），从而导致城市整体运营的低效，城市交通的高能耗、尾气污染严重，并引起雾霾恶劣天气的频繁出现。

三 问题解决策略分析——通过产业的功能分区引导，努力实现"职住平衡"

当前北京市的主导功能除了首都政治、文化功能外，最主要的就是服务辐射范围以全国或者全球为主的科研与商务办公功能，以及由此而延伸的生活服务功能。各类产业功能及其配套的附属功能本身不存在第二产业那样的一、二、三类工业污染扰民的问题。科研与商务办公对建筑空间的需要也不像工业那样存在生产流程严格框定的大跨度空间需求。这就使各类行业调整商务办公地点，实现产业链的集聚发展存在可能性。

以当前探索特大城市"多规合一"的总体规划与实施为契机，摒弃北京市各区或各街道之间土地出让价格带来的利益矛盾及产业税收矛盾，以提升首都城市运营的整体运营质量和效能为目标，还原各类产业组团顺应经济区位与交通区位择优布局发展的客观规律，通过战略产业规划、城市规划、土地利用规划的有效对接，实现各类产业组团规划分布与各轨道交通站点或大型区域性交通枢纽现状分布相叠合，充分利用国家、北京市政府强有力的行政、财政支持和产业税收支持等行政与政策支持手段，合理有序引导各行业散点分布的企业及科研机构向区位合理的产业组团聚集。同时也带动相关行业的上班族在选择居住地点时，有目标地向具有工作与生活归属感的产业组团聚集。

四 策略实施预期效果展望

实现各类行业单位的组团化集聚分布，虽然调整难度较大，但能形成以下几方面一劳永逸的益处：

第一，实现职住平衡，降低整个市区范围内长距离高频率的交通需求，减少上班族的出行时耗，降低城市拥堵出现的可能。提升城市整体运营效率，降低城市交通带来的能源消耗与环境污染。降低道路用地需求，提升整体土地利用效率。

第二，实现各类主题产业空间均衡分布的集聚发展，从而实现产业发展的规模与集聚效应，降低相关行业之间的商务成本，促进关联产业间出现创新联合发展机会的可能，提高北京市各类产业的整体竞争实力。

第三，改变北京房地产价格以北京市核心为基点，向外圈层逐步降低的格局。若北京市未来能通过长时间调整，实现各个主题产业功能片区的"职住平衡"，未来北京市的房地产价格会形成相对平均与均衡的分布格局，从而降低各行业企业单位房产购置或租赁成本，同时也降低各上班族家庭的购房成本。由于固定住房片区主要吸引固定类型工作岗位的业主，地产市场客户类型相对单一，也可部分抑制房地产投资投机的可能性。

五 实现"职住平衡"主体策略的配套策略建议

（一）产业发展与布局策略建议

1.规划筛选适合首都发展的基础产业功能环节与产业链

城市因所处的城镇体系功能等级不同，产业发展存在环境承载力上限与地均经济效益下限的双重限制。不是所有产业链或产业环节都适合在大城市有限的资源内大而全地发展。在环境承载力范围内准确遴选适合城市主导功能的基础主题产业环节或产业链是保持城市发展的活力与竞争力，充分利用城市有限资源禀赋的重要举措。北京市制订首都产业发展限定目录是实现首都产业功能"精、强"的重要控制手段。

2.实现基础产业功能环节与产业链在空间分布上的合理布局

通过产业空间布局规划与城市用地布局规划的有效衔接，辅以配套的国家及北京市政府的产业调控引导政策、财政支持政策、税收优惠政策，实现某类产业功能在合理空间区位的规模集聚，是带动相关从业人员在主题产业功能片区周边定居，实现职住平衡的重要举措，同时也是促进主题产业的各相关单位实现竞合发展的重要调控手段。

3. 为基础产业发展提供完善的配套服务功能

基础产业的发展除需要商务办公与科研培训等基础功能外，还需要配套餐饮住宿、购物、娱乐等商务服务功能。产业功能区外围也需要配套居住、基础教育、医疗、生活购物、文体娱乐等就业员工基础生活服务功能。这是实现大都市内局部片区"产城融合"或"职住平衡"，减少通勤交通需求的重要保障措施。

（二）住房保障策略建议

1. 多种套型的经济型住宅小区与主题产业组团布局相结合

在中心城区与外围新城组团重新赋予相对专一的基础产业功能定位前提下，基础产业功能的组团化布局，降低了工作变动带来的不同目的地上班的可能，同时配套经济型住宅，可使保障性住房的供应群体更具针对性。

单身公寓、两居室、三居室等小户型的不同保障房产品在就业地点的多样性供应，为各年龄段不同成员构成的家庭提供了基本住房保障，避免了畸形住房价格以"人财"而非"人才"的排斥性，有利于北京市留住自身真正的核心竞争力，体现保障型住房的政策优越性。但保障性住房的户型设计与配套的水平上限及下限都应是满足基本的住房保障需求，否则容易失去保障性住房的存在意义，而容易出现社会财富的分配不公平现象。

改善型住房完全由市场供应，体现商品房的供求相适的商品属性，同时也实现住房品质与家庭经济实力相匹配的正常市场特征。

由于住房产品结合主题产业组团均衡布局，削弱了住房因区位不同而导致的畸形住房价格溢出效应，从而使得住房的价格更多反映的是住房自身内外的居住环境品质，而非畸形优越的区位特征。由于多种住房产品的混合供应，为同一主题产业的多阶层人群的混居提供可能，更容易实现社会关系的和谐，避免不同阶层群体间关系的割裂。

2. 保障性住房的申请资格应以能否服务于城市整体发展为主要评价条件

北京作为全球性的国际化大都市，其本身的特征就是充满竞争与合作。有限的资源不可能为所有来北京发展的个体提供生存发展的机会。作为参与竞争的个体存在的理由就是能否在竞争中取胜并与其他个体努力协作，为首都的发展做出应有的贡献。

保障性住房的申请资格应体现大都市固有的竞争性。这种资格的竞争不仅限于租房与购房的价格上，为了公平与效率，也应不仅限于是否有户籍上，更多的应倾向于个体所具备的能力能否为特定产业组团所需要，能否为整个产业或行业的发展提供一定贡献。

由于租和购保障性住房所节省或带来的收益不同，租和购的资格审核条件也应有所差异。租房主要面对在某一特定主题产业片区内新入职的或能提供普通贡献能力的有稳定工作的人群，该类人群的就业协议、医保社保、薪酬水平证明、任职能力评价文件等都可作为获得保障性租房的资格审核条件。

由于北京市住房产权具有带来丰厚财产性收入的特征，为体现个人收入与个人贡献相对等的公平原则，在特定产业组团的保障性住房购买资格条件的审查中除了就业协议、医保社保、薪酬水平证明、任职能力评价等文件作为条件外，还应综合考评申请人在该类产业中的工作年限、业绩、职务职称、特殊的创造性工作贡献等。这也符合工作收益随年龄与工作时间、工作能力的增长而逐渐增长的正常规律。

3. 保障性住房供应应遵循"效率为主，阶段性的兼顾公平"原则

为了首都更好发展的人才储备，保障性住房的供应应体现"挤出效应"与"吸纳效应"并存的原则。为有志于首都发展，专业与能力适合首都各产业组团发展需要，但经济条件有限的优质人才及首都必需的能提供基础生活服务的人员（提供首都基础服务低收入阶层）提供基本的住房需求，这体现保障性住房的应用效率；为缓和低收入困难户阶层买不起房引起的矛盾，应阶段性采取有区别的房租补贴或限价性住房供应，体现住房权利的公平。整体上，长远看应实现保障性住房资源的合理竞争。

4. 限制拆迁补偿中的建筑面积补偿，以货币补偿为主

拆迁补偿应以货币补偿为主，以有限的实物住房面积补偿为辅。货币补偿可以实现现有新建住房存量压力的消化，同时也可以降低社会财富分配的不公平性。

5. 完善住区基础服务功能配套，努力实现住区生活需求就地解决

为实现真正意义上的减少低效出行需求，各类公共服务的供应（主要是基础教育、医疗及生活购物等）应顺应各类产业组团的分布及相应居住组团的分布而做出相应的等级与规模的布局，避免天价学区房等现象的出现。

六　结论

北京作为我国首都，其富集的资源与发展机会对全国十三亿人有着持续的虹吸效应。在不考虑资源环境承载力，不划定城市增长边界的前提下，北京市用地扩张规模不可预测。在北京市东侧设置一级城市副中心，短时间内会疏解中心城区的部分人口与产业。长时间来看，由于全国甚至世界人口的持续涌入，北京市中心城区与各大新城只会吸引更多新的人口与产业聚集，从而导致北京市区建设规模与人口规模的更加扩大，而无助于城市整体运营效能的提升。

笔者认为，疏解城市功能应该从赋予各轨道交通站点、区域交通枢纽、卫星新城（等同于轨道交通站点）以明确的主题产业功能入手，从带动相关行业人员居住功能的聚集及基础服务功能提供的聚集，降低交通需求，减少交通能源消耗，降低雾霾产生根源，提升城市整体运营效率入手。

区域性的低端产业梯级转移与中心市区内部的产业功能布局调整相结合，带动相关产业人口的组团化聚集，加快基础公共服务的均衡化布局，是北京市提升整体竞争实力，提高整体城市运营效能，医治"大城市病"的根本出路。

参考文献

［1］和朝东、杨明、石晓东、李秀伟：《北京市产业布局发展现状与未来展望》，《北京规划建设》2014 年第 11 期。

B.10
陕西省美丽乡村建设的
现状、问题与对策

窦筝 李倩*

摘　要： 陕西省高度重视美丽乡村建设，在特色产业发展、基础设施建设、传统风貌保护以及规划编制方面成果突出。陕西省在美丽乡村建设中还存在一些问题，必须从规划引领入手，优化产业结构，改善人居环境质量，建立长效管理机制，推进功能提升、符合实际、富有特色的美丽乡村建设。

关键词： 陕西省　美丽乡村建设　新农村　特色产业

改善农村人居环境、推进美丽乡村建设，是建设社会主义新农村的重要举措，也是实现城乡发展一体化的必然选择。为落实十八届三中全会、习近平总书记、李克强总理关于改善农村人居环境的新要求，以及省内村镇撤并整合、新型农村社区建设等相关政策和适应村庄发展的新情况，陕西省以科学发展观为指导，科学规划，精心组织，积极开展村庄人居环境整治工作，持续推进功能提升、符合实际、富有特色的美丽乡村建设，稳步走出了一条城乡统筹、一体化发展的路子。

---

* 窦筝，住房和城乡建设部城乡规划管理中心，工程师；李倩，女，同济大学建筑与城市规划学院博士后，住房和城乡建设部城乡规划管理中心，研究员。

一 美丽乡村建设现状

陕西省委、省政府始终把建设美丽乡村作为推进社会主义新农村建设的重大举措。在"改善农村人居环境、推进美丽乡村建设"过程中,各地各部门高度重视,出台相关文件指导相关工作,在特色产业发展、基础设施建设、传统风貌保护以及规划编制等方面取得巨大成就。具体表现为:

(一)扶持特色产业发展,农民生活水平不断提高

2010年以来,陕西省经济发展保持高速增长态势。陕西全省生产总值从2010年的10021.53亿元增长至2014年的17689.94亿元。人均生产总值由2010年的27113元增长至2014年的46929元,翻了将近一番,略高于2014年全国人均生产总值46628.5元。全年全社会固定资产投资由2010年的8562.04亿元增长至2014年的18709.69亿元,翻了一番多。全省经济实力的壮大为工业反哺农业、城市支持农村奠定了良好的经济基础。

在"一县一品"、"示范社"等政策的推动下,陕西省实施村域经济提升示范工程,着力农村特色产业构建,农村经济结构调整、农民收入增加和城乡统筹发展。截至2012年,全省一村一品示范村达到4419个,一乡一业示范乡镇228个,一县一业建设县区11个,四区一带建设县区18个,休闲农业示范园311个,休闲农庄306个,休闲农家247个。一村一品从业农户180多万户,从业人员500多万人,涉及粮、果、畜、菜、手工艺、农产品加工等多个领域,一村一品示范村农民人均纯收入高出全省平均水平30%多。

农业专业合作社发展迅速。截至2014年底,陕西省农村合作社已发展到31263家,规模以上专业合作社29家,入社农户达164.7

万户，带动非成员农户 275 万户，辐射带动率 24%，不仅提升了陕西省农业产业发展水平，挖掘了农业增收潜力，更增强了农户和农业的市场竞争能力。

全省农民生活水平有了显著提升。根据城乡一体化住户调查，2014 年，陕西省全省城乡居民收入比为 3.1∶1，较 2010 年的 3.8∶1 缩小 0.7。全年农村居民人均可支配收入和农村居民人均生活消费均有显著提升，全年农村居民人均可支配收入由 2010 年的 4105 元增长至 2014 年的 7932 元，增加 3827 元；农村居民人均生活消费由 2010 年的 3794 元增长至 2014 的 7252 元，翻了将近一番。

（二）乡村基础设施不断完善，村庄环境得到较大改善

近些年，随着国家对"三农"问题关注程度的日益提升，国家和陕西省政府加大对农村基础设施建设的资金投入力度，统筹推进农村水、电、路、通讯、污水垃圾处理等基础设施和教育、文化、卫生等公共服务设施建设，不断改善生产生活条件。陕西省自 2011 年开展全省范围的"千村百镇"建设整治工作，将 30 个重点示范镇、107 个重点镇以及大中城市、县城周边、江河流域、铁路、高速公路、国道、省道沿线的村庄作为整治的重点，以打通乡村联通道路和硬化村内主要道路，配套建设供水设施、排水沟渠、垃圾集中堆放点、集中场院、农村基层组织与村民活动场所、公共消防通道及设施等为主要内容，逐步完善村庄基础设施和公共服务设施，培育了一批村庄整治与村庄道路建设、危房改造相结合的示范村。截至 2014 年，中央及省财政已累计拨付 10 多亿元，完成农厕改造近 400 万座，超过全省农村总户数的一半，完成硬化村内道路 34830 公里，新建乡村垃圾处理厂 200 多个。另外，省财政还将按每个试点镇 1000 万元的标准安排财政补助，主要用于建设或改造与改善村庄人居环境相关的设施设备；为试点镇每个村安排"三化一片林"项目资金 10 万元，

促进村庄绿化美化，实现"村在林中、院在绿中、人在景中"。通过村庄人居环境整治工作，全省农村基础设施配置建设初见成效，"脏乱差"现象得到了有效遏制，村容村貌正悄然发生变化。

（三）加强村庄传统风貌保护，推进美丽乡村建设

陕西省重视传统村落保护与风貌保护工作。2012 年，住房和城乡建设主管部门会同文化、文物、财政部门联合开展传统村落调查工作，对省内传统村落按照"一村一表"要求进行统计，提出传统村落保护意见和建议。2015 年开展传统村落保护工作，各市开展传统村落再调查，建立"一村一档"，并按照《陕西省传统村落评价认定指标体系》要求，将田县石船沟村等171 个传统村落列入第一批省级传统村落名录。对省内传统村落，省政府负责统筹调剂农村环保、农村基础设施、城建、文化、文物、一事一议等有关专项资金对传统村落保护予以补助支持，各市县政府根据传统村落保护实际需要，安排一定资金用于传统村落保护。

（四）推进村庄整治规划编制工作，指导建设有序发展

陕西省一直重视村庄规划工作。2005 年，陕西省人大颁布了《陕西省农村村庄规划建设条例》。该条例对宅基地划分、村庄的规划建设第一次以法律的形式予以保障和维护，是全国首部农村村庄规划建设地方性法规。同年，在全省范围内开展乡村规划编制工作。各市、县政府相继成立了规划编制领导小组，并多方筹措资金支持规划编制。截至 2008 年底，全省 102 个县（市、区）中，90 个县完成了县域村庄布局规划编制工作；完成 125 个村庄总体规划；1743 个村庄建设规划。2014 年，陕西省在全省范围内开展新一轮的规划编制工作，要求各地在原有县域村庄布局规划基础上，结合镇村设置调整、移民搬迁、农村危房改造、重点示范镇和文化旅游名镇建设，编

制和完善镇村体系规划；以点带面，全面推进村庄规划编制，实现村庄规划全覆盖。2014 年和 2015 年，陕西省先后印发了《陕西省人民政府关于全面改善村庄人居环境持续推进美丽乡村建设的意见》（陕政发〔2014〕14 号）、《陕西省住房和城乡建设厅关于做好村庄规划编制工作的通知》（陕建发〔2014〕130 号）、《陕西省住房和城乡建设厅关于转发住房城乡建设部〈乡村建设规划许可实施意见〉的通知》（陕建发〔2015〕153 号）等一系列文件，并在文件中明确了规划编制主体、工作开展的时序、规划编制经费、技术审核要求等一系列内容，为保障规划编制工作的顺利开展提供了方向引领和政策依据。目前，省内各地县（区）级人民政府城乡规划部门已陆续开始筹备新一轮的村庄建设规划编制工作。

二　陕西省美丽乡村建设存在的问题

在充分肯定成绩的同时，陕西省在美丽乡村建设中还存在一些问题，具体表现在以下几个方面：

（一）城乡经济平衡存在差距，农民生活水平亟待提高

产业是支撑一个区域经济发展的基础和关键要素，产业结构则体现了区域发展阶段的发展水平和发展潜力。2014 年，陕西省第一产业、第二产业、第三产业增加值占地区生产总值的比重分别为 8.8%、54.8%、36.4%。全省第一产业增加值 1564.94 亿元，同比增长 5.1%；第二产业增加值 9689.78 亿元，增长 11.2%；第三产业增加值 6435.22 亿元，增长 8.4%。从以上数据可以看出，陕西省第一产业的发展较为缓慢，大而不强，所占的产业产值比重仍较低且发展速度明显低于二、三产业的发展速度，城乡经济平衡发展仍存在一定的差距。

由于农村地区贫困面较广、贫困程度较深，陕西省在城乡居民收

入、农民人均收入和农民人均消费水平方面与全国平均水平仍存在较大差距。陕西省全省城乡居民收入比为3.1:1，较2010年的3.8:1缩小0.7，但仍高于全国的2.7:1。2014年陕西省全年农村居民人均可支配收入为7932元，相较于全国全年农村居民人均可支配收入10489元相差2557元。2014年农村居民人均生活消费为7252元，相较于全国平均水平的8383元相差1131元。

（二）基础设施建设欠账较多，发展不平衡

虽然陕西省不断加大对农村基础设施的投入，但与投资到城市基础设施建设资金相比较，投资到农村基础设施建设上的资金则相对较少，远远不能满足农业和农村经济发展对基础设施的要求。根据陕西省住房城乡建设厅开展的新型农村社区基础设施和公共服务设施建设调研情况，目前陕西省基础设施和公共服务设施建设存在两方面问题。一是建设不均衡。大部分调研村庄配置了村委会、警务室、文体广场、卫生室、计划生育室、日杂商店，88%的调研村庄实现道路硬化，76%的调研村庄修建了供水设施，61%的村庄铺设了排水灌渠，但文体科技设施、变电站和污水处理设施建设情况不太理想，占比均不足30%。二是各地区差异较大。如扶风县法门镇美阳社区村庄道路硬化率100%，绿化率40%，给排水和污水处理设施齐备，广场、停车场、公厕、垃圾收集点俱全，而城关镇费家社区道路硬化率仅40%，无排水和污水处理设施，没有广场、停车场及公厕。整体看，陕西省基础设施建设欠账较多，村镇供排水、环卫、公共服务等各项基础设施还不能适应村镇经济的快速发展。

（三）"运动式"农村建设模式，缺少长效管理机制

陕西省的美丽乡村建设主要以政府主导的政策倾斜以及财政投入为主要驱动力，并在短期内使受益村庄在基础设施配备、环境整治、

风貌保护等方面有了一定的进步。但这种模式存在两个弊端：一是资源分配不均造成区域内村庄不平衡发展，未获得扶持的村庄村民无法享受政策带来的发展红利。二是"重建轻管"现象突出，随着农村建设规模的不断扩大，其运行管理工作不足日益显现。长远看，"运动式"发展缺乏可持续性，面临政府一撒手发展就停滞的窘境。目前，建成的公共设施由于管护责任不落实，缺乏后续投入和维护管理，省内部分村庄已出现了设施闲置破损、杂物乱堆乱放、垃圾污水依旧等问题。

三　陕西省建设美丽乡村对策建议

一是加强规划引领，有序推进布局调整。以新一轮的村庄规划编制为契机，结合美丽乡村建设和撤乡并镇工作，从农村实际出发，尊重农民意愿，充分挖掘各村自然生态资源、历史文化内涵，体现农村风貌，对县域各乡镇和村庄建设进行综合布局与协调，统筹安排各类基础设施和社会服务设施，提高农村人居安全和防灾减灾能力，同时注重农村建筑与田园风光、乡土文化、自然生态相协调，充分发挥规划在美丽乡村建设中的引领和指导作用。

二是加大农业产业结构调整力度，提高农民生活水平。优化产业结构，转变发展模式，加快农业产业结构调整，发展特色农业，增加农业科技含量，发展农业产业化、规模化经营，提高农业产品产量和质量，加快农业经济发展，提高农民收入，增强农村基础设施建设的活力和后劲。

三是科学统筹投资，健全和完善农村基础设施。按照中央提出的建设社会主义新农村的总体要求，充分发挥政府主导作用，推进公共财政向农村倾斜、基础设施向农村延伸，加大农村改水、改厕、改圈力度，实施垃圾集中处理，加大生态治理力度，整治脏乱差，推广农村清洁工程，全面提升人居环境质量。

四是加强长效管理机制建设，探索村民自主管理的途径。要建立政府主导、农民参与相结合的长效管理机制。政府统筹部署，在整合资金、制定规划、示范推广方面发挥引领作用，确保人居环境建设的持续推进。逐步完善和推广村民参与制度，以"村民议村民定、村民建村民管"为原则，凝聚全体村民的力量，探索村民自主管理的途径，充分发挥广大村民的积极性和创造性，使村民全过程参与项目的规划、建设、管理和监督，使新农村建设成为农民的自觉行动。

参考文献

［1］《新型农业专业合作社焕发新光彩》，http：//www.shaanxitj.gov.cn/site/1/html/126/131/138/11820.htm，2015 - 10 - 20。

［2］《陕西农村社会经济基本情况简析》，http：//www.shaanxitj.gov.cn/site/1/html/126/131/138/10784.htm，2015 - 03 - 20。

［3］《省第十一次党代会以来陕西农业发展情况》，http：//www.shaanxi.gov.cn/0/1/6/16/224/119947.htm，2012 - 4 - 13。

［4］住房改革与发展处：《关于新型农村社区基础设施和公共服务设施建设情况调研报告》，http：//www.shaanxijs.gov.cn/qunzhonglx/2013/9/66896.shtml，2013 - 09 - 17。

［5］《2010 年陕西省国民经济和社会发展统计公报》，2011 年 3 月 2 日。

［6］《2011 年陕西省国民经济和社会发展统计公报》，2012 年 3 月 26 日。

［7］《2012 年陕西省国民经济和社会发展统计公报》，2013 年 3 月 1 日。

［8］《2013 年陕西省国民经济和社会发展统计公报》，2014 年 3 月 12 日。

［9］《2014 年陕西省国民经济和社会发展统计公报》，2015 年 3 月 8 日。

科 技 篇

Scientific Features

B.11

安徽省金寨县光伏扶贫示范
实施路径及做法

储诚山　陈洪波*

摘　要： 本文介绍了国家层面推动光伏扶贫的相关政策文件和主要内容，以及实施光伏扶贫的重要性。从项目建设类型、项目对象确定、建设规模、资金筹措、运行维护主体、项目受益和扶贫效果等方面系统分析了安徽省金寨县2016年实施的光伏扶贫，以及金寨县在光伏扶贫工作中的做法及经验。

关键词： 光伏扶贫　城乡一体化　实施路径

* 储诚山，天津市社会科学院城市经济所，研究员；陈洪波，中国社会科学院城市发展与环境研究所，副研究员。

一　前言

（一）光伏扶贫内涵及意义

光伏扶贫主要利用贫困户住房屋顶、住房周边空地、荒坡地或农业大棚上铺设太阳能电池板，通过分布式太阳能发电，每户人家都将成为微型太阳能电站，农民可以自己使用这些电能，并将多余的电量卖给国家电网分享售电收益从而实现脱贫。光伏扶贫作为国务院扶贫办 2015 年确定实施的"十大精准扶贫工程"之一，在光照资源条件较好的地区因地制宜开展光伏扶贫，通过户用、村级小电站和较大规模的集中式电站建设，促进太阳能资源开发和产生连续的稳定收益，实现扶贫开发和新能源利用、节能减排相结合。因此，光伏扶贫既符合精准扶贫、精准脱贫战略，又符合国家清洁低碳能源发展战略；既有利于扩大光伏发电市场，又有利于促进贫困人口稳收增收，成为帮助贫困人口脱离贫困的有效途径之一。

（二）光伏扶贫相关政策

为切实贯彻中央扶贫开发工作会议精神，认真落实《中共中央国务院关于打赢脱贫攻坚战的决定》和《国家能源局国务院扶贫办关于"光伏扶贫"工作的会议纪要》（国能新能〔2014〕420 号）文件精神，扎实推进精准扶贫工作，帮扶贫困人口稳定增收、精准脱贫，国家能源局、国务院扶贫办和国家发改委主要发布了 3 个实施光伏扶贫的政策文件，具体如下：

2014 年 10 月 11 日，国家能源局、国务院扶贫办下发《关于印发实施光伏扶贫工程工作方案的通知》（国能新能〔2014〕447 号），以加快组织实施光伏扶贫工程。该工作方案拟利用 6 年时间（到

2020 年）开展光伏发电产业扶贫工程，开展模式主要包括两大类：一是实施分布式光伏扶贫，支持片区县和国家扶贫开发工作重点县内已建档立卡贫困户安装分布式光伏发电系统，增加贫困人口基本生活收入；二是片区县和贫困县因地制宜开展光伏农业扶贫，利用贫困地区荒山荒坡、农业大棚或设施农业等建设光伏电站，使贫困人口能直接增加收入。

2014 年 11 月 15 日，国家能源局、国务院扶贫办下发《关于组织开展光伏扶贫工程试点工作的通知》（国能新能〔2014〕495 号），决定在河北、陕西、安徽、甘肃、宁夏、青海 6 省（区）开展光伏扶贫试点工作，每个省（区）选取 5 个贫困县，采取以村为单位整体推进（一次性覆盖到全村符合条件的贫困户），做到受益对象准确到户。通过光伏扶贫试点工作开展，探索产业扶贫新模式，总结工程建设经验，建立光伏扶贫管理体系，为全面实施光伏扶贫工作奠定基础。

2016 年 4 月 5 日，国家发改委下发了《关于实施光伏发电扶贫工作的意见》（发改能源〔2016〕621 号），决定在全国具备光伏建设条件的贫困地区实施光伏扶贫工程。即在 2020 年之前，重点在前期开展试点的、光照条件较好的 16 个省 471 个县约 3.5 万个建档立卡贫困村，以整村推进的方式保障 200 万建档立卡无劳动能力贫困户（包括残疾人）每年每户增加收入 3000 元以上；其他光照条件好的贫困地区可按照精准扶贫的要求，因地制宜推进实施。

二　2016年金寨县光伏扶贫实施方案

安徽省金寨县是"中国工农红军第一县"、"中国第二大将军县"，也是国家级首批重点贫困县，2011 年被确定为大别山片区扶贫攻坚重点县。金寨县是国家光伏扶贫试点县之一，也是中国政府计划推出的首个且迄今唯——个高比例可再生能源示范县。

（一）金寨县基本现状

1. 县情概况

金寨县地处大别山腹地，鄂、豫、皖三省接合部，总面积 3814 平方公里，辖 23 个乡镇、1 个现代产业园区、226 个行政村，总人口 68 万，城镇化率为 43.6%（全国平均水平 56.1%，安徽省为 50.5%），为国家扶贫开发工作重点县、大别山片区扶贫攻坚重点县。

金寨县在生态功能区中属于限制发展区，产业发展受到严重制约，加之新中国成立初期治理淮河水患在境内修筑梅山、响洪甸两大水库，淹没了 10 万亩良田、14 万亩经济林，10 万人移居深山，导致资源匮乏、产业滞后，成为安徽省乃至全国的重点贫困县。

2. 经济发展状况

金寨县 2015 年实现地区生产总值 88.81 亿元，三次产业结构比为 20.5∶39.0∶40.5。与 2014 年相比，第一产业下降 1.2 个百分点，第二产业下降 0.9 个百分点，第三产业上升 2.1 个百分点。2015 年人均地区生产总值 13170 元（为全国平均水平的 26.69%，为安徽省平均水平的 36.59%）。农村常住居民人均可支配收入 8503 元（为全国平均水平的 74.44%，为安徽省平均水平的 78.58%）。可见，金寨县经济发展比较落后，实施光伏扶贫也尤为必要。

3. 贫困人口状况

金寨县地处山区，生产资料不足，外出务工人员多，失能、弱能家庭多，成为扶贫攻坚中的难题。目前，全县共有建档立卡贫困村 71 个，建档立卡贫困户 2.9 万户 8.4 万人。其中，建档立卡贫困村内贫困户 0.95 万户 2.7 万人；建档立卡贫困村外贫困户 1.95 万户 5.7 万人，脱贫攻坚任务十分艰巨。

4. 太阳能资源状况

金寨县属于太阳能资源 4 类地区，春夏季多阴雨，秋冬季太阳能资源相对充足，全年日照达 1876～2203.5 小时，多年平均太阳总辐射为 4430.7MJ/m²。

（二）精准确定扶贫对象

光伏扶贫优先照顾家庭成员中有重大疾病、残疾、丧失劳动能力且遵纪守法、邻里和睦、勤俭持家的贫困农户。首先由贫困户提出书面申请，通过村民代表大会进行民主评议，经过村两委审查把关后，确定项目实施户初选名单，并张榜公示，接受群众监督。经公示无异议后，报县扶贫和移民局审核备案。

2016 年，全县适宜通过光伏扶贫脱贫总人口 1.3 万户 4.03 万人，分布在全县 224 个行政村。其中 71 个建档立卡贫困村中的贫困户 6000 户 1.86 万人，建档立卡贫困村以外的行政村贫困户 7000 户 2.17 万人。

1. 光伏发电建设模式

金寨县是大山区和库区，屋顶条件和居住环境光照条件适合安装光伏发电系统的 8600 户贫困户已于 2014 年和 2015 年全部安装，且户均年增收都在 3000 元以上。因此，在 2016 年拟建设的光伏扶贫项目不适合在贫困户屋顶和住房周边空地安装。

金寨县 2016 年光伏扶贫项目实施主要通过以下两种建设方式：一是建设村级光伏扶贫电站 23 个，扶持 224 个村的贫困户 5000 户 15500 人，总装机容量 2.5 万千瓦（每户装机规模 5 千瓦）；二是建设集中式光伏扶贫电站 1 个，覆盖 8000 个贫困户 24800 人，装机容量 20 万千瓦（每户装机规模 25 千瓦）。2017 年，继续实施村级光伏扶贫电站 23 个，扶持贫困户 5000 户 15500 人。以下项目资金筹措和效益分享按照 2016 年实施项目进行分析，2017 年与此相同。

2. 项目资金筹措和效益分享

（1）村级光伏扶贫电站

建设规模。在23个乡镇建设分布式（联户型）光伏扶贫电站（村级光伏扶贫电站）23个，每个装机规模分别在800千瓦至1500千瓦，总规模2.5万千瓦，扶持224个村的贫困户5000户15500人，每户装机规模5千瓦。到目前为止，23个场址已选定，贫困户名单已明确，接入方案已制定，部分电站已开工建设，其中两个电站已并网发电。

图1　安徽省金寨县村级光伏扶贫电站在建项目

支持政策。国土部门和乡镇优先拿出国有废弃工矿用地、国有未利用地、集体未利用地支持项目建设；县政府整合扶贫资金、产业发展资金、库区移民扶持资金保证项目投入；引入社会捐助弥补建设资金的不足；县政府设立光伏扶贫基金8000万元。

项目建设主体。项目具体实施由中标企业负责，具体包括发电设备供货、安装、调试、日常维护知识培训、设备维修更换，做到安全、文明施工，并配合项目监理单位和验收组做好项目质量监管和验收工作，并在质保期免费更换自然损坏的设备。

项目运行维护主体。县政府从光伏扶贫基金中单列光伏扶贫电站运行维护资金，与商业保险公司建立设备保险机制，与县内最大光伏企业（信义集团）联合组建运行维护中心，并在乡镇设立维修站。

项目资金来源。按照每千瓦综合投资 7500 元计算，2.5 万千瓦建设规模总投资 1.875 亿元，其中引进社会捐资 0.75 亿元，占 40%；金寨县扶贫开发投融资有限公司通过县政府整合扶贫资金、产业发展资金、库区移民后扶资金共计 1.125 亿元，占 60%。

项目效益分析。村级光伏扶贫电站运行维护费用从县政府光伏扶贫基金中列支，此类电站的发电收益除少量的土地租金（约占总收入的 1%）、保险公司保费（约占总收入的 1%）、税金（约占总收入的 3%）以外，其余 95% 的收入全部分配到贫困户。实行"净收益分配动态管理，扶持对象精准可调整"，贫困户脱贫后即从该电站退出，不再参与收益分配，其他未脱贫贫困户或新增贫困户可进入享受收益分配。

扶贫效果。经测算，5 千瓦装机规模的光伏电站在金寨地区正常情况下年发电量约 5217 度，按 2016 年光伏发电上网电价 0.98 元/度计算，年发电收入为 5112 元，除掉 5% 的土地租金、税金、保险费，再从中提取 23% 作为光伏扶贫基金，贫困户每年收入约 3750 元，可持续收益 20 年以上。

（2）集中式光伏扶贫电站

建设规模。在铁冲乡李桥和高畈区域建设集中式农光互补型光伏扶贫电站 1 个，总规模 20 万千瓦，按照每户 25 千瓦规模计算，可覆盖全县 224 个村 8000 个建档立卡贫困户 24800 人，主要解决需要政府兜底脱贫的贫困户收入来源。

图2　安徽省金寨县太阳能地面电站

支持政策。由县政府自筹资金全额投资，政府投融资平台公司（金寨汇金投资有限公司）作为项目法人和实施主体，对外公开招标建设。

项目建设主体。项目具体实施由中标企业负责，包括发电设备供货、安装、调试、日常维护知识培训、设备维修更换，做到安全、文明施工，并配合项目监理单位和验收组做好项目质量监管和验收工作，并在质保期免费更换自然损坏的设备。

项目运行维护主体。项目并网发电后，委托已经建立的光伏发电运行维护中心负责日常运行管理和维护工作。

项目资金来源。项目总投资15亿元（投资水平为7500元/千瓦），其中：县政府筹资3亿元作为资本金，占总投资的20%；通过农发行15年期优惠贷款解决12亿元，占总投资的80%。农发行贷款利率在年基准利率的基础上优惠10%，年利率约4.41%。还款周期13年，宽限期2年。

项目效益分析。20万千瓦光伏电站在本地年发电量19167万度，按每度电0.98元上网电价计算，年发电收入1.88亿元。该项目在实施中与高效农业种植相结合，预计农业产值在2000万元左右。每年发电和农业综合收入约2.1亿元。按照银行简单利率（4.41%）方法计算，12亿元贷款分13年偿还，前10年每年偿还本金9000万元，后三年每年偿还10000万元。电站运行第一年将还本付息14512.5万元，以后年度逐年降低；每年应支付土地租金和运行管理费用约400万元。根据国家税务总局关于光伏产业税收优惠和抵扣政策，该项目在前5年基本上为零税负。按此计算，电站运行第一年纯收入5887.5万元；第6年将承担税负2500万元左右，电站纯收入约3000万元。综上所述，20万千瓦集中式农光互补型光伏扶贫电站建成后，在运行前15年，除去还本付息、运营维护、土地租金、税金等费用后，每年可净增收3000万元以上。

扶贫效果。作为项目投资主体的政府投资平台公司，金寨汇金投资有限公司不参与项目收益分配，每年收益3000万元全部分配给8000个贫困户，每户每年收入3750元，持续获益20年以上。

3. 项目实施保障措施

为确保光伏扶贫项目顺利实施，协调解决项目用地、资金、运营维护和收益分享等一系列问题，金寨县从以下方面提供保障：

（1）加强组织领导

金寨县委、县政府成立光伏扶贫项目领导小组，县委书记任第一组长，县委副书记任组长，相关部门及各乡镇党政主要负责人为成员，下设办公室在县发改委，具体负责光伏扶贫项目各项工作的指导督查和落实推进。领导小组每月召开一次会议研究解决光伏扶贫项目建设重大问题。

（2）整合资金资源

除国家配套扶持资金、社会捐助、单位帮扶资金、银行优惠贷款资金外，金寨县本级整合扶贫、产业发展、移民后扶、财政"一事一议"、预算外收入等多渠道资金解决光伏扶贫电站建设和运行所需资金。

（3）建立监管机制

为确保光伏扶贫项目扎实快速推进和稳定高效运行。在金寨县扶贫开发工作领导组统筹下，明确不同类型光伏发电项目建设主体，村级光伏扶贫电站由扶贫移民局牵头负责，集中式光伏扶贫电站由发改委牵头负责。县政府组建了两个中心，即依托扶贫移民局建立光伏扶贫工程信息中心，依托信义集团专业技术力量建立光伏发电运行维护中心。同时，完善三个机制，一是光伏设备保险机制；二是光伏扶贫基金统筹机制；三是光伏扶贫项目收益监督管理机制。

（4）构建多部门协同工作合力

县发改委负责协调光伏扶贫电站建设有关工作，牵头落实 20 万千瓦光伏扶贫电站建设任务；县扶贫和移民开发局负责贫困户筛选及信息登记，村级光伏扶贫项目的落实推进、收益分配方案制定和打卡发放；县财政局负责项目资金筹措、整合，安排必要的工作经费；县民政、残联等部门配合扶贫和移民开发局做好扶持对象的补助标准的确定；县供电公司制订与集中式光伏扶贫项目相适应的电网改造计划，加快扶贫电站接入系统建设，确保光伏扶贫项目顺利并网和正常运行；各乡镇党委、政府对本乡镇光伏扶贫项目负总责；县委县政府督查办公室、效能办负责考核考评工作。

4. 光伏扶贫总体效果分析

2016～2017 年，金寨县光伏扶贫项目将对 5.58 万人贫困人口进行扶贫（占全县全部贫困人口 8.4 万的 66.43%），其中 2016 年扶持 4.03 万人贫困人口，2017 年扶持 1.58 万贫困人口。光伏扶贫作为十大战略扶贫之一，对金寨县贫困人口扶贫脱贫具有重要意义。

三 金寨县光伏扶贫的做法

为稳步推进光伏扶贫项目实施，保证实施效果，金寨县从组织机构、贫困户筛选、资金筹措等方面采取了一系列的有效做法。

1. 以点带面全面推进

2014 年 3 月初，金寨县开建首批 1008 座居民光伏电站，每户装机容量 3 千瓦，其中先行选择 8 户群众进行试点并圆满成功；2014 年 8 月启动了第二批 1000 户光伏发电扶贫项目；2015 年 6 月底，完成第三批 6733 户光伏扶贫电站项目建设。2016 年 6 月，金寨县政府印发了《金寨县光伏发电精准脱贫实施方案》，对光伏扶贫项目建设模式、资金筹措和受益分配进行确定，推动光伏扶贫在全县推广。

2. 精准确定扶贫对象

通过"四步"工作法，严格筛选确定项目实施对象。第一步：由贫困户申报，村民代表大会民主评议、村两委审查确定项目实施户初选名单；第二步：初选名单公示无异议后，由乡镇组织核查组入户实地核查，并将名单报县扶贫和移民局；第三步：县组织工作组入户复查，由县督查办、监察局对选户情况进行抽查核实，对不符合条件的坚决调整，杜绝优亲厚友现象发生；第四步：建立分户项目档案，对最终确定为项目实施户，由贫困户填写一份项目登记表，连同身份证、户口簿、房产证明等资料，交县扶贫和移民局和供电公司审查。

3. 建立多渠道融资模式

采取政府、企业、农户各承担三分之一建设资金。对无力筹集资金的贫困户，通过互助资金或小额贷款解决，县财政给予贴息，贫困户以发电受益逐年偿还；对特别困难的贫困户，从县直帮扶单位、乡镇干部职工扶贫捐款或社会捐助中解决。

4. 构建多部门联动机制

县委、县政府成立以县委书记为第一组长的光伏扶贫项目领导小组，明确县扶贫和移民开发局、财政局、民政局、残联、供电、各乡镇党委和政府等各部门在光伏扶贫项目建设中的具体职责，各部门齐抓共管，合力推进，保证光伏扶贫项目快速顺利实施和稳定运行。县委县政府督查办公室、效能办将光伏扶贫工作纳入相关部门的日常考核。

5. 广泛宣传有效引导

充分利用电视、广播、一封信、现场宣传等形式，广泛宣传国家光伏产业发展政策，让群众懂得光伏扶贫是推进产业扶贫、实施精准扶贫、精准脱贫的一项重要举措，是一项造福贫困人口的民生工程。同时，以简单明了的方式帮助贫困户算好投资和受益明细账，打消群众思想疑虑，引导群众积极参与光伏扶贫工程。

四　小结

光伏扶贫符合清洁能源发展战略，对推进相关产业发展、促进贫困人口稳收增收，尤其是失能、弱能的贫困户增收意义重大。从金寨县的工作看，光伏扶贫是一种"造血式"扶贫，是帮助贫困地区贫困人口脱贫的有效途径之一。然而，光伏扶贫要从示范向大范围推广，并实现长期持续发展，还需在初始资金筹措、后期运行维护等方面积极探索，调动社会资本、金融机构参与光伏扶贫的积极性，实现土地、林业、电力相关规划的有效衔接，促进光伏扶贫项目的无障碍实施和衔接。

参考文献

[1] 金寨县人民政府网：http：//www. ahjinzhai. gov. cn/。

［2］《金寨县光伏发电精准脱贫实施方案》，2016 年 6 月。

［3］《安徽省金寨县 2016 年光伏扶贫实施方案》。

［4］《2015 年金寨县国民经济和社会发展统计公报》，金寨县政府办信息公开网，http：//www. ahjinzhai. gov. cn/DocHtml/1/16/04/xxgk_2016042968963. html。

［5］《安徽省 2015 年国民经济和社会发展统计公报》，安徽省统计局，http：//www. ahtjj. gov. cn/tjj/web/info_ view. jsp？ strId = 1456727214920362。

［6］《2015 年国民经济和社会发展统计公报》，中国经济网，http：//www. ce. cn/xwzx/gnsz/gdxw/201602/29/t20160229_ 9162433. shtml。

［7］《安徽省金寨县村民用上"光伏扶贫"电站》，人民网，http：//ah. people. com. cn/n/2015/0203/c358173 - 23769263. html。

B.12
戈壁上的红枣产业链

——新疆若羌县现代循环农业示范园案例

顾 俊[*]

摘 要： 若羌县域面积是全国最大县之一，属于新疆维吾尔自治区
巴音郭楞蒙古自治州辖区，地处塔里木盆地东部、阿尔金
山北麓。若羌县，盛产红枣，资源丰富，人文神奇，吸引
着全国各地优秀青年前往若羌县创业。本报告记述了1995
年若羌县县委按照"稳粮、增棉、上园艺，再造一个若
羌"的发展思路，在塔什萨依老区开垦土地一万余亩。
2007年巴州人民政府又提出了"一电、二水、三地、四
枣"总体发展目标，以及"人畜下山来、绿色留高原"的
工作部署，决定将塔什萨依地区作为新农村试验区来建设。

关键词： 戈壁 产业链 循环农业 内在原理

一 成立背景

现代农业示范园区建设旨在培育现代农业与区域经济增长点，是
区域农业与农村经济跨越式发展战略的重要组成部分。现代农业产业
体系是集食物保障、原料供给、资源开发、生态保护、经济发展、文

---

[*] 顾俊，新疆七星建工集团有限责任公司常务副总经理。

化传承、市场服务等产业于一体的综合系统，是多层次、复合型的产业体系。建设现代农业示范园区，有利于提高示范园区自身农业竞争力，促进农业和农村经济结构的战略性调整，对现代农业与区域经济发展也具有很强的辐射带动作用。现代农业示范园区建设有利于增强农业竞争力，有利于推进农业与农村现代化进程，是加快区域农业与农村现代化建设的重大举措。

若羌县紧紧立足于农牧民群众的持续快速增收，下大力气推进红枣产业、设施农业、农区畜牧业加快发展。红枣产业的稳步发展、设施农业的加快推进，既为建立循环利用、互为补充的现代农业产业结构打下了坚实的基础，也为推动农区畜牧业提供了广阔的发展空间。此外，若羌县结合本地畜牧业发展实际和红枣产业发展，对全县未来畜牧业发展做出科学部署，该县提出，要积极推广枣禽结合等方式，不断探索发展特种畜禽养殖，按照红枣间作为畜牧业提供丰富饲草资源、畜牧业为红枣产业提供丰富有机肥料等思路，大力发展农区畜牧和养殖小区，积极构建农林牧相结合的复合型畜牧业。若羌县这种推进红枣产业、设施农业、农区畜牧业齐头并进，循环利用、互为补充的发展模式正是现代农业产业体系模式的体现。

基于此，新疆七星集团建工有限责任公司于 2008 年，按照自治区围绕畜牧业发展调整优化农业产业结构的战略部署和加快实施特色农产品开发建设的要求，投资建设了羌都现代循环农业示范园，示范园以农林牧相结合、种养加一条龙、产学研为支撑，打造生态环保的现代化产业示范园区，引领新疆大农业健康有序发展。

二　现代循环农业示范园的主要情况

为了充分发挥产业优势、实现园区规划，园区以新疆七星建工集团有限责任公司为负责单位，新疆羌都枣业股份有限公司和新疆羌都农牧科技有限责任公司分别辅助执行，将方案分模块、按区域分别进行了建设。

（一）项目的发展模式和内在原理

现代循环农业示范园以"规划长远性、建设高起点性、管理规范化性、科学发展、科技领先"为指导思想，结合国家林业、畜牧业发展的前景和新疆经济林果业、畜牧业发展的政策和办法，稳步前进，科学发展。

为确保红枣形整、味甘、质脆、色艳，除了优选枣树品种、加强田间管理之外，最重要的保障是要将红枣定位成有机枣，按照有机食品生产标准来建设和发展产业。为此，在枣林旁建设生猪养殖场、良种羊扩繁基地，在枣林中养殖鹅、鸡等家禽，养殖场粪尿及洗舍水进入化粪池，发酵后成为优质菌肥，供于枣树、饲草生长，饲草养猪和羊，有机红枣则被加工成干枣、枣多糖和枣浆，形成"种养加"一体化生态有机循环农业产业链。如图1所示。

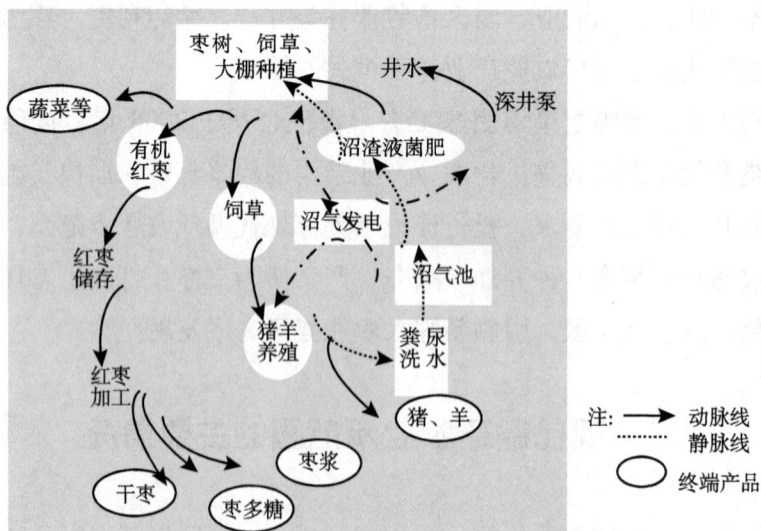

图1　一体化生态有机农业产业链

按照产业化经营要求，龙头企业与种养殖户建立产品收购供给和利益共享、风险共担的契约关系，一方面，龙头企业通过订单、产品利润返还机制等形式与饲草料种植户、优质牛羊养殖户确立稳定产品收购和技术服务关系，示范带动种、养殖户扩大规模，规范生产，确保自身加工原料的有效供给；另一方面，种养殖户要根据龙头企业的订单、技术规范和产品质量要求，按时提供红枣、饲草料和优质活畜，保证龙头企业的产品需求，从而形成集饲草料种植加工、优良活畜改良繁育、养殖育肥、畜产品加工、销售和技术服务于一体的"公司＋基地＋种养殖户"的产业化发展模式。项目建设运营过程中，相关行业、部门间高效组织与协调，注重提高项目的组织管理和运营水平，实现品种良种化、生产规范化和经营市场化，推动区域特色畜产品资源开发和现代畜牧业发展，优化区域农业产业结构，进而促进区域农村经济快速发展和农民持续增收。

（二）项目的发展规模和实际内容

1. 红枣种植

建设枣林 2.5 万亩，其中枣地 2 万亩，防护林 1714 亩，苗圃地 727 亩，饲草地 2549 亩。建设居民用房 80 幢；打地下深水井 82 口。

2. 红枣加工

厂区占地面积 3.5 万平方米，房屋建筑面积 1 万平方米，建设仓储容量 3000 吨的冷库 2664 平方米，建设库房 1048 平方米；工厂购置各类先进工艺设备 2000 万元，年生产能力 2 万吨。

3. 畜禽养殖

自动化养殖 10 万头仔猪、10 万头育肥猪；圈与放结合饲养 1 万只育肥羊；在红枣林间、地头放养 25 万只枣园鸡，25 万只枣园鹅。

4. 繁育设施建设

建设猪舍：仔猪及保育区 11 幢，建筑面积 2 万平方米，育肥区

14 幢，建筑面积 4 万平方米；建设羊舍 7 幢，建筑面积 5000 平方米；共计 6.5 万平方米。养殖区自动化喂料等设备投入 1500 万元，实现了环控自动化、喂料自动化和水泡粪工艺。

5. 兽医防疫体系

兽医配种服务站建设 400 平方米，建设消毒室 100 平方米。枣业加工厂、种植基地、猪场、羊场等监测仪器设备配套 200 台（套），包括人工授精器械、消毒器、显微镜、紫外线灯、高压灭菌器等设备仪器。

6. 示范园配套设施

建设各类主干道、林间道 120 公里；建设基地办公室及生活用房附属设施等占地 6.5 万平方米；建设化粪池 4 座 800 立方米，年产猪粪水 14 万立方米。

（三）项目的技术方案和实施要点

1. 红枣加工技术方案

（1）干枣加工流程（见图 2）

```
        ↗ 特级枣→保鲜库→清洗→烘干→特级干枣→包装销售
有机枣→拣选→优级枣→保鲜库→清洗→烘干→优级干枣→包装销售或待加工
        ↘ 普通枣→保鲜库→清洗→烘干→普通干枣→散装入库待加工
```

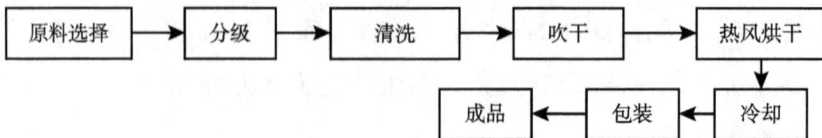

图 2　干枣加工流程

（2）枣多糖粉、枣浆生产工艺流程

从红枣中浸提多糖。浸提枣多糖目前有三种方法，分别是热水浸提、微波提取和超声波强化提取。实验当中，热水浸提和微波提取的提取率相当，超声波法的提取率较前二者高出约15%。考虑到工业生产的安全性，本项目采用热水浸提法，具体如图3所示。

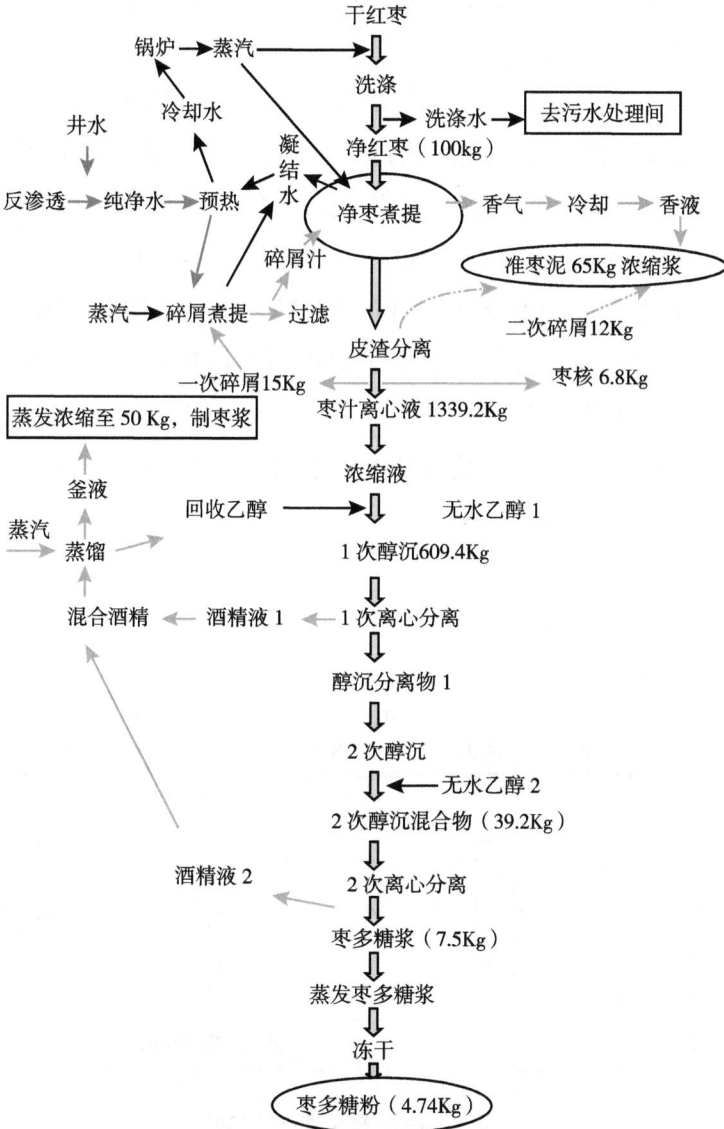

图3 热水浸提法原理

2. 猪养殖技术方案

羌都现代循环农业示范园的生产区采取分区管理，分繁育区、保育育肥区和后备母猪隔离区三个区，其中母猪繁殖区包括受精站、配种舍、妊娠舍、分娩舍，以及各舍间连廊及附属设施。保育区育肥区包括保育舍和育肥舍。

繁殖区饲养管理模式，以周为单位，全进全出，常年均衡配种，分批产仔，均衡生产。妊娠前期母猪（配种观察期）采用限位栏饲养，后备母猪、空怀母猪采用大栏饲养，妊娠后期母猪采用智能化母猪管理系统，每天上、下午各进行一次发情鉴定，发情母猪做好标记转到限位栏配种，配种全部采用人工授精。产房采用以周为单位的单元式分娩饲养方式。仔猪培育区采取以周为单位的单元式饲养方式。保育育肥区以周为单位组织生产，采用大栏饲养。

羌都现代循环农业示范园的场内生猪饲养流程如图4所示。

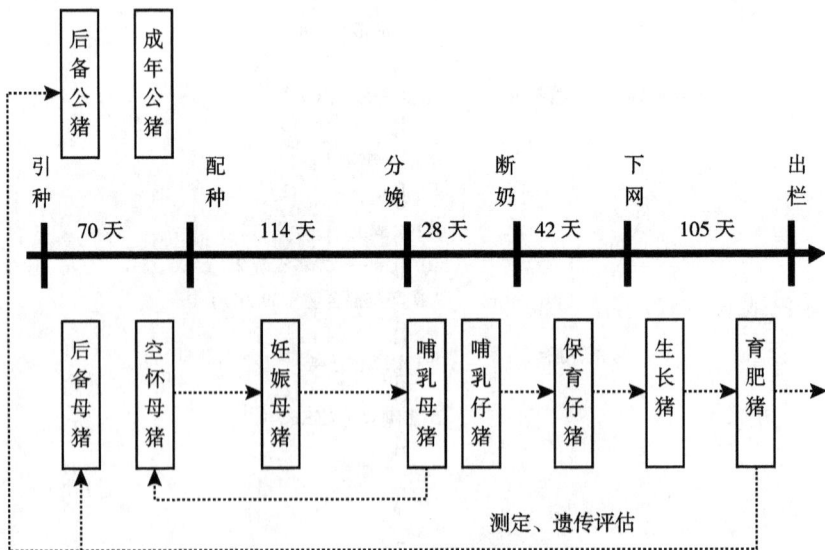

图4 场内生猪饲养流程

148

3. 羊养殖技术方案

种公羊从育种场选购，实行人工授精配种，建立人工授精室。种公羊利用年限为 6 年，公母比例为 1∶200～300。公羊单独饲养。

（1）饲养方法：采用舍饲与放牧相结合的饲养方式。全年配种产羔，在舍内和运动场内喂草喂料。配备铡草机、机械粉碎机等饲料加工设备，采用 TMR 技术喂饲。

（2）饮水方式：羊场自备水塔，采用自来水管定点供水（舍内和运动场内设水槽）。

（3）配种：种公羊为杜泊羊，基础母羊为小尾寒羊，母羊 6～8 月龄初配，母羊一般 3～5 月和 8～10 月间两季节发情，优饲情况下全年发情配种。

（4）育肥：选留后备母羊后剩余的羔羊可作为当年肥羔饲养，育肥期以不超过 7 月龄，体重达 42～45kg 为宜，即可上市出售。所产公羔完全作肥羔或去势作羯羊处理，羯羊饲养期为 12 个月。

（四）项目的绿色有机管理规划

1. 行政组织结构

羌都的具体行政组织结构是在一般生态工业园基础上，将农业种植、畜牧养殖也纳入园区产业中。同时让种植户和养殖户成为园区环境管理体系的成员。除此之外，实验区生产绿色或有机农产品，绿色或有机认证组织、产品质量技术监督局需要对其进行认证和检验，认证组织和技术监督局也成为环境管理体系的领导者。值得注意的是，本来种植户和养殖户应当以法人的身份在环境管理体系中出现，但就现实情况而言，当时该区域只是羌都的种养殖基地。基于资源环境管理的"种养加"一体化现代农业综合实验区行政组织结构如图 5 所示。

图 5 中，基于资源环境管理的"种养加"一体化组织结构分为

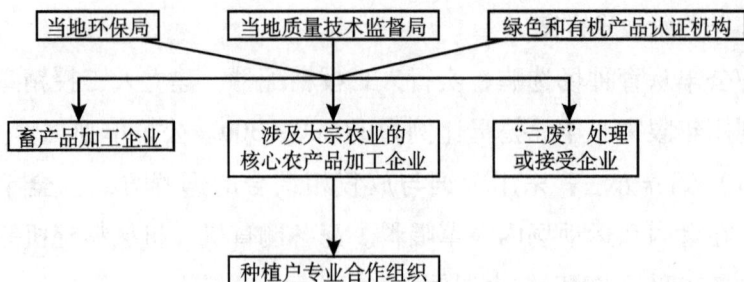

图5 "种养加"一体化现代农业综合试验区行政组织结构

三个层级，最高一级为县环保局、质量技术监督局和绿色和有机产品认证机构，中间一级为各企业，最下一级是农民专业合作组织。环保局向企业下达环境保护指令，检查企业生产过程对环境的影响是否在法律允许范围之内；质量技术监督局检验企业产品是否安全卫生；绿色和有机产品认证机构验证工业产品的绿色化等级。

羌都依据环境保护部门的"三废"排放标准、自身所拥有的生产技术和市场需求，确定是否对"三废"进行无害化治理后排放，是否将"三废"加工成品，或将"三废"直接出售；羌都同时依据绿色或有机产品标准，向农牧民专业合作组织提出对绿色农产品的质量要求，并制定绿色种植和畜牧产品收购标准。农民专业合作组织要售出农牧产品，就只能按照至少是绿色农业的方式进行种养殖，这样羌都"种养加"一体化的运作载体就健全了，各种设想也就有了实施或落地保障。

2. 产业组织结构

羌都的项目实验区在有限地域内的集约生产，不仅一直秉承节约空间资源、节约水资源、节约能源的原则，同时坚持有效降低和控制污染的原则。为此，羌都在实施项目的过程中，准确地提出了四个"一体化"原则：①产业发展一体化。利用产品上、下游的特点，形成项目链。②公用辅助一体化。合理利用能源，减少消耗，根据园区内部核心企业对水、电、气等的需求总量，统一规划、集中建设，形成集供水、供电、供热、供气为一体的公用工程"岛",实现区内能源的统一供给。③物流传输一体化。通过与各生产和加工环节连成一体的专用输送管道及仓库、港口、铁路和道路等,将区域内的原料、能源和中间体安全快速地运送到目的地,形成区内一体化的物流运输系统。④环境保护一体化。在生产过程中运用环境无害化技术和清洁生产工艺,将工农业副产物"吃干榨尽",实现农产品加工业依靠园区农业完成产品的绿色化升级、种养殖业依靠园区工业成为"高产、优质、高效、生态、安全"的现代农业。

羌都"种养加"一体化现代农业综合试验区产业组织结构如图6所示。

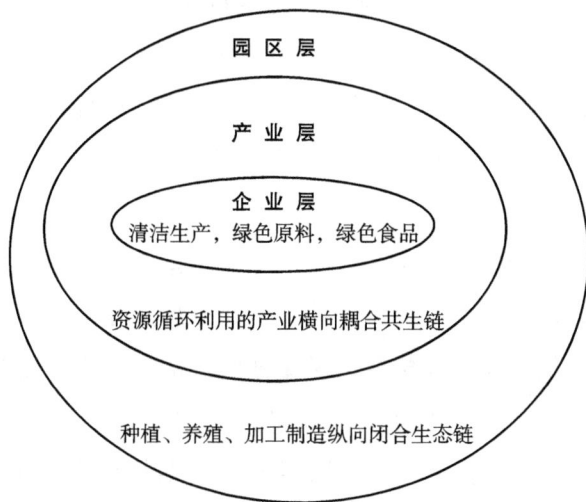

图6 产业组织结构

(五)项目的经营管理亮点(四大战略)

1. 坚持创新发展战略,焕发企业常青不老的活力

2010年,公司与新疆大学生命与科学技术院建立合作关系,承

担"红枣多糖"、"红枣糖蛋白"、"环磷酸腺苷"和"膳食纤维"等多个科技项目的研发，并通过了 QS 认证、绿色食品认证、有机食品认证和 ISO9001 认证。近年来，所获荣誉众多：如公司被认定为"自治区农业化重点龙头企业"；商标被巴州工商局认定为知名商标等。下一步，公司准备与西北林业大学展开进一步的合作，建立红枣研究中心，培育新品种，自繁新接穗，旨在改良塔什萨依乃至全若羌的红枣品种，实现枣树高产、农民丰收。

2. 坚持互惠共赢战略，为企业装上和谐奋进的马达

通过与四川天兆畜牧科技有限公司、北京京鹏科技有限公司合作，引进了具有加拿大血统的"天兆种猪"（纯种大约克，纯种长白，纯种杜洛克，长白 X 大约克二元种母猪，大约克 X 长白二元种母猪，商品肥猪），该种猪繁育生产的后代全面上市后，从育种测评结果和客户反馈信息来看，各种性能和生长技术指标都达到甚至超过加拿大 FAST 公司核心场的指标，种猪群具有高健康状态、生产性能优良、基础群体大、血缘丰富等特点。

通过与新疆泰昆集团股份有限公司合作建厂，采用国内最先进的饲料机械设备和生产工艺，从原料接收到成品发货的全部作业环节实现机械化、自动化，操作方便、管理科学、生产安全，确保饲料加工环节做到精简高效、品质可控，以"打造顶尖饲料企业，制造绿色健康食品"为使命，立足养猪，服务畜牧，对塔什萨依农牧业增效、农牧民增收起到积极的作用。

3. 坚持人才强企战略，给企业插上鹰飞蓝天的翅膀

多年来，羌都一直遵循"走出去、请进来""内培外训""向五湖四海撒网"的人才培养思路，吸纳了一批种养大户、农机大户和近百名有丰富实践经验的行家里手，50 多名学习农林牧、工民建和经营管理专业的大中专学生从五湖四海来到塔什萨依，在生产、加工、营销、科研岗位上发挥自己的聪明才智，让大批有创业抱负的年

轻人在这里茁壮成长，企业的科技含量也在逐年提高。新疆大学、塔里木农大和羌都建立了长期输送培养人才的协作关系，为公司的发展提供了有力的智慧保障。

4. 坚持文化引领战略，是企业强本固基的必然选择

公司党委将党组织活动与企业文化有机结合，组织开展了多项活动。把以创先争优为价值取向的团队文化、创新文化之火种；把做强传统行业，打造农、林、牧一体的现代化农业之目标；把构建学习、服务型企业，建立公平、正义、文明、和谐的小康企业之意识；把打造全体员工风雨同舟、荣辱与共、赖以生存的大家庭的理念；把企业的"诚信、谦虚、包容、勤俭和学习、总结、创新、发展"的七星集团企业精神内涵，用各种宣传形式渗透到企业员工的灵魂深处。"制度不能倒、风气不能坏、原则不能丢、道德不能坏"的企业四项基本原则，使广大员工产生了责任感、荣誉感和进取心。同时，公司党委组织团队和社会力量创作生产了一大批经典文化产品，如音乐MTV《若羌的红枣熟了》、《羌都姑娘》，电视专题片《羌都之路》，历史传奇小说《羌都·公元前》等，大力宣传巴州和公司的文化和奋发向上的精神风貌。这些文化产品对凝聚企业的向心力发挥了重大作用，使广大员工在优秀文化产品的熏陶下茁壮成长。

三 建设示范园带来的影响和变化

（一）项目对项目区农民增收具有较大的促进作用

羌都践行企业社会责任，带动少数民族致富，为政府解忧解难，为社会稳定做出贡献，创建民营企业带动少数民族致富的示范工程，推动经济效益与社会效益双提高。项目经济收益稳定并逐渐向好，目前年回报率可达10%~15%，随着规模化、集约化的进程不断推进，未来发展极其可观。由于本项目属于农林牧产业化经营项目，其直接涉及种植业、养殖业和加工业等行业，通过本项目的实施，直接辐射到若羌县、且末县以及巴州各县市，可以有效增加项目区农牧民收入水平。据测算，项目使若羌县农牧民人均年收入提高了 120 元，使项目所在地塔什萨依新农村试验区的农户人均收入提高了 800 元。同时，通过收购周边山区架子羊进行育肥，可明显减小山区冬春季羊的死亡率，提高山区牧民的收入水平。可见，该项目作为上接种植业，下连畜牧业的特色农产品产业化经营项目，其实施对有效促进当地农业产业结构调整，增加农牧民收入，都具有积极的带动作用。

（二）项目建设产生了明显的生态效益

本项目通过规范化的优质猪、羊养殖技术示范和推广，在农区可逐步建立起以放养和圈养相结合、集约化和标准化的养殖模式，扩大红枣、饲草料种植规模，改善了养殖环境，减轻因全年放养而对农区天然荒漠植被造成的破坏，有效恢复天然荒漠植被的防风、固沙能力，对保护绿洲内部生态环境发挥了一定的作用；同时，项目每年收购周边及天然草地放养的架子羊 2 万只左右，可明显缓解天然草地的承载压力，保护天然草地生态环境，增强其水源涵养、防止水土流失的生态作用；猪、羊等牲畜粪尿资源通过收集、发酵，进行无害化处理、施用，既能实现清洁化生产，又可为农业种植提供有机肥料。

（三）项目的有机管理，有效规范了当地的质量标准

建设过程中羌都为了保证产品质量，将"公司＋农户"的合作模式细化为：以 100 亩为单位承包给 1 对夫妻种植，同时以 1000 亩为单位配置 1 名技术管理人员。通过这样的划分，一方面保证了劳动力的有效使用，另一方面加大了有机体系的可控程度。长期以来，因

为羌都推行的有机标准有效提高了红枣的收购价格，切实帮助农牧民实现了增收，使得当地大部分种植户已经自发主动地按照羌都的有机技术标准进行种植。

（四）项目的带动示范作用显著，有利于提高农民素质

通过本项目建设，将示范区内成熟的技术成果和先进的种、养殖管理模式，以组织农民观摩学习、专家讲座、会议交流等方式，并结合计算机网络定期收集发布畜产品市场、种养殖技术、疾病防疫、饲草料等信息宣传，推进饲草料规范化种植和优良畜种的示范与推广，改变传统的畜牧业养殖生产模式。这些形式对改变当地传统的生产方式及提高当地农牧民自身素质有着良好的带动作用。

（五）项目建设注入的资金和技术，基本改变了当地的生产方式

根据项目投资计划和建设方案，羌都把技术更新作为重点工作。除了不断地对农牧民进行知识性教育以外，也引进了设备并分发使用。在红枣种植方面大力推广测土配方和林间的小型机械化作业，并几度改良了肥水施用设备；在养羊方面羌都率先引进兽医系统和TRM系统；在养猪方面则更是采用了全国领先的设备。项目实施以来，若羌县塔什萨依新村农民的生产工具基本进行了更新换代，而且也大幅度改变了原有的收入形式，例如：修剪帮工、机耕雇用、技术圈养、枣园放养等都是以前没有的增收形式。

（六）项目对现代畜牧业发展的支撑作用明显

本项目通过对现有品种土羊进行品种改良，建成年产2万只良种肉羊繁育基地，每年向社会提供育肥羊2万只；生猪养殖10万头，每年向社会提供生猪9.6万头。养殖基地全部采用标准化养殖模式，

应用先进的良种繁育技术、育肥技术和现代化的生产组织管理模式，有效提高了牲畜的产肉品质和水平，不仅促进了当地畜种的改良和更新换代，而且对现代畜牧业发展也具有明显的推动作用。

四　继续发展示范园可能遇到的问题和挑战

回望过去，示范园的建设成绩是喜人的，但是展望未来依然有挑战在等待我们。

首先，红枣行业在蒸蒸日上的同时不仅吸引了一大批企业家来投资，各地方政府、农民也自主自发地向红枣行业"邀约"。红枣种植面积的剧烈增长给红枣价格已经带来不小的冲击。然而更让人忧心的是，部分种植户为了追求短期利益，违规使用化肥、农药、激素等伤害红枣品质的药物。使得若羌县红枣行业的质量出现参差不齐，竞争陷入不良状态，甚至给部分消费者留下了阴影。

其次，畜牧产品价格波动较大，以猪肉为例，养猪农户普遍会遇到一个大难题，那就是无法预测猪肉供求和价格波动。猪肉价格高时，农户增加仔猪数量。养了几个月后，出栏的生猪数量增多，猪肉价格又降了，严重影响养猪户的积极性。过去，我国养猪业行情时好时坏，波动过大，利润好的时候，一头肥猪利润在 500 ~ 700 元；行情差时，利润在 200 ~ 100 元（注：养猪农户涉及人工成本的情况），说明我国养猪业处在一个不成熟的发展阶段，随着近年来政府对生猪行业的调控、养猪结构的转型及品种良种化进度的加快，养猪业行情会越来越稳定，养猪利润波动越来越小，逐步进入稳定时期。

再次，农业发展的主力军依然是农民，但是今天市场已经不同于过去。"互联网＋"的时代固然是趋势，是未来，是美好的明天，但是大多数农民没有办法和时代接轨，在短期之内示范园的建设又不可能抛弃这些朴实的农民，尤其是在种植技术上。因此如何让红枣行业走得更远更快，获得更多的效益，如何整合资源、打开市场依然是一个严峻的问题。

最后，价格受不稳定因素左右。一是饲草的因素。饲草稳定高产是示范园价值链构成的基础，如果种植上出现问题，示范园的经营将直接受到冲击，最大的可能就是种植成本、人工复合饲料价格急剧上升。二是用水的因素。水土是发展农业的根本，一旦在水源上出现问题，将会直接影响示范园的良性发展，要么是因水质而产生的质量问题，要么是因水费而产生的成本问题。三是产品的自身属性因素。示范园的农产品其可替代性过于强烈。不能顺利地培养消费者的饮食习惯，改变他们的购买习惯，则潜在市场就无法打开，即便我们解决了这些问题，若羌县地处偏远、远离内地，其农产品也很难在物流、价格上占有优势。

五 解决对策及发展趋势

针对以上问题，我们的建议是：

（1）农业服务部门尽快掌握和开展红枣禁用药检验、检测工作，由农业服务部门提供一份红枣禁用药名单并广泛宣传，不定期地在承包人喷水时采取药样送红枣服务部门检验，同时，鼓励群众对使用禁用药现象进行举报。通过一系列措施，首先从途径上断绝农民的盲目破坏，然后在不断教育和管控的过程中打好价格基础，让农民感受到实实在在的效益，进一步从思想上树立品牌意识。让农民积极主动地把品质做好。

（2）组建区域农畜交易中心，"试水"活猪远期交易，减少农户和采购商的价差风险，推动现代畜牧业示范区建设。推出"先卖后养"的交易模式，让养猪农户可在远期交易市场中进行。比如，生猪专业养殖户在生猪出栏前 4 个月，提前以 x 元/斤的远期合约价格

将 y 头生猪卖出。当 4 个月后，实时猪肉价格跌至 $x-1$ 元/斤，生猪专业养殖户仍然以 x 元/斤的价格交货，保证猪肉价格的"稳定性"。同时要依托互联网交易，实现场外远程报价，减少交易的中间环节，稳定市场价格。

（3）让山区农民拥抱"互联网＋"是不现实的，这样的成本也太大，我们完全可以把目光放在"农二代"的身上。从农村走出去又回来的孩子里不乏"85 后"乃至"95 后"。不管他们是什么原因没有从事其他工作，但是可以肯定的一点是他们远远要比自己的父母，也就是现在的农民更有知识和潜力。示范园要提高效益，就要让他们顺利地接过父辈的锄头，并帮助他们调动自己的所学用来生产。只有有了这样的农民作为整体，农业为基础，"公司＋农户"的模式才会有后劲。

（4）企业在把目光投向市场的同时，还是要关注国家的政策。作为企业，羌都枣业是深有感触的，党和国家的许多利好方针、政策，企业总是慢半拍才知道。所以要上下同欲，企业家本身的觉悟还有待进一步提高。包括国家的新设备、新技术其实都是发展现代农业、主推红枣行业的利器，如果能够第一时间获取这样的信息，必将大大节省企业发展的时间成本。从当前的政策环境来看，若羌县要突破红枣行业的瓶颈，县域内的企业就必须要实时关注"一带一路"的消息，从中汲取对企业有帮助的点。

B.13
统筹城乡能源发展的路径分析

郭庆方*

摘　要： 能源是中国城乡一体化的重要领域。随着中国光伏、
　　　　　风能、生物质能等新能源技术进步和产业化，乡村能
　　　　　源建设充满新动力和潜力。光伏进乡村社区是富有生
　　　　　命力和前景的乡村能源建设内容。光伏扶贫是中国将
　　　　　光伏发展与乡村扶贫相结合的一个创造，但这需要建
　　　　　立在了解乡村条件和尊重贫困农民的基础上。

关键词： 乡村能源　新能源　光伏　扶贫

一　乡村能源建设的机会分析

乡村能源建设，是中国生态文明建设的重要组成部分。能源革命
不仅有减法，还可以有加法，关键是优化；生态文明、能源革命不仅
有工业、大中城市，还要有乡村、中小城镇。通过乡村能源建设揭示
生态文明在乡村的建设进程。乡村在中国工业化和城镇化进程中，逐
渐处于边缘化的地位。农村居住的分散性、运输成本等劣势使得农村
发展尤其是传统能源使用不仅困难而且污染严重。

但是，当前新能源的发展为农村能源使用带来新的机会，能源革

---

* 郭庆方，中国石油大学（北京）管理学院。

命的推进正在改变着传统能源的使用方式，也将影响着中国乡村文明发展，影响着中国乡村能源使用方式变革。可再生能源中风能、太阳能、地热能、生物质能等与传统能源相比分布相对均衡，并且可再生能源摆脱了长距离运输的特点，可以就地取材，这使得以分散居住为特征的农村和牧场对于新能源使用更加方便，对于传统能源来说，乡村面临着巨大障碍，对于新能源来说，乡村的分散特征则成为优势。

据统计，我国已经是全球最大的太阳能热水器生产和消费国家，90%以上的市场在农村。从20世纪70年代到80年代初发展起来的中国沼气在乡村的使用和发展走在世界前列。在中国，已经有超过4000多万户的农村家庭使用了沼气，占全国适宜农户的三分之一。沼气不仅解决了乡村清洁能源使用问题，还为循环经济的推广提供了有利条件。

乡村在传统能源使用上是被边缘化的对象，在新能源使用上则成为绿色能源使用与推广的新生力量。从发展趋势来看，中国乡村是实现生态文明的重要基地，也更具优势。对于乡村生态文明建设应该从以下几个方面进行考虑：

第一是乡村旅游业发展。中国广泛的乡村分布聚集了大约70%的旅游资源，政府应支持乡村旅游发展成为乡村经济发展的支柱产业，不仅能解决农村的发展问题提高农业收入，还能实现低碳、绿色可持续发展。

第二是有机农业。随着中国消费水平的提高，消费者对食品安全越发重视，高附加值的农林产品尤其是有机农产品将成为未来生态产业发展的新方向。

第三是进一步加快对乡村可再生能源的发展。结合乡村分散特征，大力推广使用沼气、风电、太阳能、生物质能源，提高整体可再生能源生活生产占比。

中国乡村不仅没有传统能源的束缚和依赖，还对可再生能源的使用形成优势。中国乡村市场不仅可以称为世界上最大农村新能源市场，还区别于世界其他国家，走出一条适合中国乡村生态文明建设的特色发展道路，也为中国生态文明创立了一个全新的发展方式。

二 重视光伏进乡村社区的意义

所谓"光伏进乡村社区"就是全国乡村居民家庭大批量地利用家庭光伏系统，甚至出现光伏的社区化联网交换、合作等更深入的活动。美国光伏利用则更侧重于分布式，尤其是居民家庭。根据美国国家可再生能源实验室的预测，美国 2021 年分布式光伏累计装机容量约占全部光伏累计装机容量中的 46.1%，而居民光伏累计装机容量又约占分布式光伏累计装机容量的 61%，居民家庭光伏利用规模的增长速度要快于美国整体光伏行业。我国光伏终端利用规模扩张十分迅速，2010 年，我国光伏累计装机容量为 800 兆瓦，2016 年则高达 74480 兆瓦。但是，我国光伏终端利用各个方式之间的发展并不平衡，分布式光伏所占比例相对较低。2016 年我国分布式光伏累计装机容量的规模约为 10300 兆瓦，仅占我国整个光伏累计装机容量的 13.3% 左右。而且，分布式光伏终端利用在其各个途径的发展上也不平衡，主要集中在大型公共建筑、路灯等市政设施以及偏远农牧区上，真正具有潜力的乡村居民集聚社区则相对非常薄弱，呈现数量少、碎片化的特点。

与美国等国家对比我们发现光伏进社区是可行的，而且潜力是广阔的。从能源革命消费段来看，实现生态文明，在倡导建设绿色低碳的消费方式方面，开展"光伏进社区"不失为一个恰当的时机。从资源、技术、经济和社会来看，城乡居民集聚社区是光伏最具潜力的终端利用方式。我们认为诸多因素也为"光伏进社区"创造了有利条件：一是契合了光伏能源的资源和产品特征。光伏能源的能源密度低但光资源的空间分布相对均匀，更适合用能强度、用能质量较低要求的城乡居民生活用电。二是乡村居民集聚社区的可利用光资源非常丰富。乡村居民集聚社区的居民建筑屋顶（或外墙面）是巨大的光伏利用空间资源。根据住房和城乡建设部的统计，截至 2015 年年末我国乡村的总实有建筑面积超过 255 亿平方米。三是乡村居民集聚社区普及光伏是光伏大众化、成熟化的最重要标志。从一般产品发展寿命周期来看，成为普通家庭的日常用品是某产品成熟化、形成蓝海市场的重要标志，如电冰箱、空调、汽车、互联网的产品等。只有光伏普及性地进入乡村社区家庭了，光伏能源才算真正成为大众能源了，光伏时代才算真正建立。

三 光伏扶贫政策基本情况概述

从 2014 年《国家能源局国务院扶贫办关于印发实施光伏扶贫工程工作方案的通知》（国能新能〔2014〕447 号）发文以来，光伏扶贫在全国大面积铺开，许多省、市、县纷纷出台配套政策、文件。2016 年国家发改委出台《关于实施光伏发电扶贫工作的意见》（发改能源〔2016〕621 号），更是将光伏扶贫向前推进了一大步，并明确了具体的项目名单和实施细节。光伏扶贫政策的政策力度、项目空间巨大。

光伏扶贫是精准扶贫项目之一，扶贫变"漫灌"为"滴灌"，将光伏发电与精准扶贫结合起来，更重要的是社会效益。光伏扶贫是实施精准扶贫、精准脱贫的重要举措，是推进产业扶贫的有效措施，是造福贫困地区、贫困群众的民生工程。

光伏扶贫项目开启了扶贫开发由"输血式扶贫"向"精准扶贫"的转变，一次投入、长期受益。从光伏产业角度看，实现了拉动产业发展、光伏应用与农村资源的有效利用。从社会效益看，光伏扶贫既是扶贫工作的新途径，也是扩大光伏市场的新领域，有利于人民群众增收就业，有利于人民群众生活方式的变革，具有明显的产业带动和社会效益。

四　现有光伏扶贫政策存在的问题

研究从中央到各级地方出台的政策文件和实施方案，不难发现现有光伏扶贫政策存在明显的问题。

一是重建设轻运营。尽管有运营的经济效益核算等考虑，但运营的收益分配、产权归属、更新改造、运营主体、组织架构等运营中的关键问题，却论述不详，没有阐述充分。

二是扶贫体系不完善。光伏扶贫是一个技术性很强的工程，又是时间跨度很长的项目，维护、维修等环节才是真正影响光伏扶贫后续效果的关键因素，但没有引起重视。

三是扶贫主体地位被动。在光伏扶贫的各级政策中，贫困农户、贫困村集体处于被动救助地位的意识很明显，贫困农户、贫困村集体处于"物化"状况，这既影响了光伏扶贫的效果，也是对扶贫对象的不尊重。

光伏扶贫政策之所以出现上述问题，有很多原因，主要原因有几个方面。一是对扶贫工作不了解，不清楚扶贫规律。二是对农村、农户、农村基层组织不了解，因此，政策或实施项目时，农村、农户、农村基层组织的出现就很模糊、很抽象。三是消化光伏产品剩余产能意图过于明显，其实，对能否扶贫以及这些光伏项目的长效经济、社会效益缺少考虑。

五　光伏扶贫的政策建议

光伏扶贫的经济规模是非常巨大的，具有很大的项目空间。通过研究政策，可以在包括但不限于以下四个方面进一步提高光伏扶贫的效果：一是从政策学、发展经济学以及农村经济社会现实和扶贫实践出发，结合光伏发电的技术经济特点，研究构建光伏扶贫的项目经济社会评价、项目后经济社会评价体系。二是研究组织实施光伏扶贫的社会服务体系。召集相关企业，在维修、维护、融资、电力销售方面进行专业人员培训、相关农民培训。三是从农村经济社会发展、扶贫角度，组织召开光伏扶贫高层论坛。四是充分发挥扶贫政策、组织和地方政府资源，与光伏企业合作，打造光伏扶贫平台。

城乡统筹篇

Special Column

——中国首都北京市边远山区的发展变化与思考

按语：

本期城乡一体化蓝皮书报告，围绕我国国务院和全国各省、自治区、直辖市的"十三五"规划，对推进我国城镇化与坚决打赢扶贫攻坚战的双轮驱动，集中力量进行调查研究。其中各个专题报告，对改变中小城镇发展滞后问题、对积极培育特色小城镇；对各地因地制宜创新性的精准扶贫的决心、毅力，类型、模式、体制机制和方法，成功经验和存在的问题，组织力量，进行了典型案例研究。

另外，还组织了"特约撰稿"，是选择北京城市远郊区作为我国特大城市的一个类型，进行深入调查研究。

北京是首都，是国际大都市和全世界著名的历史文化名城。北京城市郊区，包括远郊区，已经实现了农村城镇化、产业规模化、农业现代化、大地园林化，体现出中国大城市区域已经形成的城乡一体化与生态可持续发展模式，已经成功地走在"创新、协调、绿色、开放、共享"的城市化、城乡一体化的道路上。

2017 年上半年中国城乡一体化蓝皮书编辑部组织专家学者赴北京平谷区进

行调查研究，最大收获是：习近平总书记提倡，一种价值观要真正发挥作用，必须融入社会生活，让人们在实践中感知它、领悟它。六年来，平谷区刘家店镇党委坚持把培育和践行社会主义核心价值观与农业发展相结合，与解决农村问题相结合，融入农民生产生活，融入乡风文明建设。松棚村是以"诚信村、厚德果、幸福人"创建活动为引导，逐步建立起"一规四线五把金钥匙"的诚信建设体系，党带群、强带弱，开创了党风带村风、村风促党风的社会主义新农村建设新局面。

经过30年的艰辛探索和持续奋斗，挂甲峪村发生了沧海桑田般的变化。凭着山一般的意志和现代人的智慧，挂甲峪人走出了一条生态养山、旅游休闲、有机果品、再生能源的绿色循环之路，用实践诠释着科学发展观和"绿水青山就是金山银山"的发展之变。昔日的"羊肠路、荒山头，吃水贵如油"的穷山沟，初步建成了一个现代、文明、富足的社会主义新农村。

不忘初心　诚信成金

于学军[*]

摘　要：习近平总书记指出，一种价值观要真正发挥作用，必须融入社会生活，让人们在实践中感知它、领悟它。六年来，刘家店镇党委坚持把培育和践行社会主义核心价值观与农业发展相结合，与解决农村问题相结合，融入农民生产生活，融入乡风文明建设，以"诚信村、厚德果、幸福人"创建活动为引导，逐步建立起"一规四线五把金钥匙"的诚信建设体系，党带群、强带弱，开创了党风带村风、村风促党风的社会主义新农村建设新局面。

一　承前启后，两届班子接力干

刘家店镇是果品生产专业镇，享有"中国蟠桃第一镇"之美誉。大桃种植面积 1.8 万亩，其中蟠桃 8000 亩，年产量 3500 万公斤，现已培育出白桃、油桃、黄桃、蟠桃四大系列 100 多个品种。大桃产业是刘家店镇的支柱产业，也是农民收入的主要来源。

几年前，一边倒的卖方市场让个别桃农念起了生意上的"歪经"——卖"盖帽儿桃"，"上边大下边小，桃不够垫把草"，鱼目混

---

[*] 于学军，1967 年出生，平谷区刘家店镇宣传委员。

珠搭售出去。几番"盖帽儿桃"交易下来，失信于客户，失信于市场，造成了采购商们纷纷离去，大桃产业逐渐滑落至历史低谷。针对这一情况，2012年，刘家店镇党委推出了"诚信村、厚德果、幸福人"创建活动，旨在引导百姓用心种桃、用信卖桃、用诚信赢得利益，同时提高村民文明意识和道德水平。2014年，新的镇党委组建后，结合党的群众路线教育实践活动，镇党委决心干好这一打基础、谋长远、利发展的民心工程，以诚信建设带动党风建设、村风建设、环境建设。

二 "一规四线五把金钥匙"，诚信建设体系逐步完善

为打牢诚信基石，镇村两级班子、全镇党员群众统一思想，建立起"一规四线五把金钥匙"的诚信建设体系。

"一规"是诚信建设十年规划，全镇计划用10年时间，培育百名"诚信之星"，打造100个诚信互助组，让每名诚信之星带动20个农户，努力营造人人讲诚信、户户守诚信的氛围，形成全镇重承诺、讲信誉的舆论环境、经济环境、社会环境。

"四线"即四条标准线："诚信公约"、"诚信之星评选细则"、"诚信互助组"规则、"诚信联盟"章程。百字"诚信公约"涉及大桃生产和销售两个环节，是最低标准；30条评选细则除涉及大桃生产和销售外，还增加了为人处事和环境整治两方面内容，旨在为群众树起立得住、过得硬的身边典型；"诚信互助组"规则要求果农遵纪守法、生产方面做到"四全两减两禁止"，销售方面做到"三不卖"，采摘方面做到"四清"，环境方面做到"两净两通无违建"；"诚信联盟"章程要求果农遵守村规民约，用腐熟有机肥，科学生产，严禁打除草剂，按照等级分销，诚信经营，为市民奉献精品果、厚德果。

"五把金钥匙"是评选"诚信之星"、组建诚信互助组和诚信联盟体、打造诚信之星宣讲团、诚信"互联网＋"，是诚信建设的具体抓手和实现路径。

诚信之星。2014年首届"诚信之星"评选以寅洞（村）和行宫（村）为试点，从466户果农中评出两名，党员占比50％；2015年，从寅洞、行宫、松棚、东山下、辛庄子五个村中评出"诚信之星"5名，党员占比60％；2016年，在上述几个村里评选出"诚信之星"8名，党员占比63％。评出的诚信之星除在镇域主要路口立榜宣传外，还将他们的电话、种植大桃品种、产量等个人信息在互联网上宣传，既让他们的家人感到光荣和自豪，又能给他们带来客商和采摘游客，为他们的大桃销售带来实实在在的好处。同时，镇党委对首届诚信之星每人奖励1万元，对四名诚信守信代表和诚信带头人各奖励5000元，对第二、第三届"诚信之星"在"蟠桃会"上每人奖励2000元，奖励诚信村行宫村和松棚村各3万元，区内外150多家媒体给予报道或转载，诚实守信在刘家店已蔚然成风。

诚信互助组。2016年，根据诚信互助组17条规则，松棚村党支部以评选的诚信之星为组长，将11户符合条件的果农组成诚信互助组，有党员7户，占比63.6％。2017年，在行宫、松棚、寅洞、前吉山四个村组建18个诚信互助组，该互助组分别将清洁果园环境、保持自家门前整洁、无违章建筑作为硬性标准，有力地推动了村级环境整治工作的推进和保持。

诚信联盟体。为践行"两学一做"真正学到紧要处，做到点子上，镇党委支持行宫村和松棚村党支部，建立了"四位一体"的诚信联盟体。联盟体以村两委和诚信之星为发起人，党员为小组长，行宫村将全村划分为11个小组，每个小组由6户组成；松棚村将全村划分为5个小组，每个小组由10户组成，村民代表为监督员的双向推进和监督体系，纳入了全村80％的农户，基层支部的战斗堡垒作用和党员的先锋模范作用得到了充分体现。

"诚信之星"宣讲团。自2014年以来,刘家店镇党委就组建起"诚信之星"宣讲团,深入挖掘诚信之星的故事,撰写宣讲稿、编练快板、小品、三句半、歌曲等诚信节目,随宣讲团入村宣讲。每年宣讲不下20场,听众2600多人次,扩大了诚信影响面,在全镇凝聚起诚实守信的思想价值共识。

诚信"互联网+"。为使诚信理念入脑入心,使诚信基因薪火相传,一方面要让群众感受到讲诚信带来的实惠,另一方面要让群众感受到诚信的约束。镇党委、政府帮助"诚信之星"果农转战网络营销,通过电商加盟,可溯源诚信果品上互联网平台,让诚信插上"互联网+"的翅膀,影响带动果农自觉加入到诚信经营中来。

三　电商加盟,诚信征信体系建设开始起步

刘家店镇党委政府联合丫髻商贸有限公司共同打造"丫髻果品汇"电商平台,在"蟠桃会"上向社会各界和媒体进行发布,"丫髻果品汇"以诚信之星、诚信互助组、诚信联盟体农户为销售主体,并建立自己的溯源体系。行宫村引入北京耀宁淘鲜供应链管理有限公司,并与北京联通"114"强强联合,为产品进行溯源认证,打造全产业链闭环可溯源生产体系,提升"丫髻仙桃"品牌的认可度和影响力。具体说就是诚信果农提供产品、供应链公司采购、电商平台开拓市场,溯源码公司进行(提供产品人、采购时间、采购方、运输方、农残检测、含糖量检测结果)防伪认证,并通过下游企业对产品的销售进行大数据分析,将数据分析结果反馈到果农,指导其改进生产和服务。闭环可溯源体系,既可以提高"丫髻仙桃"的知名度,提高品牌溢价,使果农受益,同时也对果农的生产过程、销售行为进行初步征信,不诚信行为列入黑名单,促使果农的诚信行为更加自觉。

六年的诚信建设，由最初的镇党委强力推，到村党支部的积极抓，到党员的主动带，到群众和电商的热情参与，使方方面面感受到诚信带来的变化和好处。

一是刘家店镇的知名度提高了。在诚信建设过程中，刘家店镇的诚信建设被中宣部列入践行社会主义核心价值观百家经验。平谷区委宣传部抓住时机，在中央电视台《朝闻天下》、《北京日报》、北京电视台等媒体重要时段和版面，以《桃乡人的生意经》和《平谷桃农诚信比金重》为题宣讲推出了这个典型。中央宣传部、中央文明办、首都文明办等简报刊物分别进行刊载。2014 年和 2015 年两年的鲜桃季在北京电视台现场直播，数十家网络媒体对诚信之星进行报道；2016 年和 2017 年推出的"蟠桃会"有 150 多家媒体报道和转发；2017 年，在松棚村，北京电视台新闻频道，以"诚信村甜桃王擂台赛上亮家训"为主题进行了连线直播，真正让"刘家店仙桃"插上了"互联网 +"和"诚信 +"两个翅膀。

二是果农的收入增加了。诚信建设的深入和传播让百姓收入大幅提升。到 2014 年，全镇有 360 多户果农收入突破 10 万元，诚信之星李向林的收入达到 19 万元，胡殿文的亩效益达到 2.6 万元，全镇户均增收近万元，提前实现了盛果期亩效益和人均收入双两万元的目标。自 2016 年起，刘家店镇已成为全区大桃销售价格高地，单价平均比周边市场高 3 ~ 5 毛钱，两家电商销售的精品大桃，平均单价比市场高 1 倍左右。

三是乡风文明水平提升了。通过深入开展"诚信村、厚德果、幸福人"创建活动，提升了村民文明意识、法律意识和道德水平。形成了诚实守信、遵纪守法、尊老爱幼、礼让宽容的良好社会氛围。目前，全镇已有 2 个村荣获"首都文明村"称号，行宫村被评为"全国文明村"，三个村被评为"区级文明村"，胡殿文被评为中宣部"365 中国好人榜"上榜"好果农"和 2016 年平谷榜样。农户遇到矛盾找诚信互助组，找村两委调解的多了，基本做到了"小事不出组，大事不出村"。

四是环境干净整洁了。诚信评比、诚信互助，让入组入盟的村民自觉清扫、自觉保持自己门前卫生、果园环境，杜绝了新增违章建筑，并很好地带动了左邻右舍，镇村环境有了很大改观。目前，已有7个村被评为镇级环境样板村，13个村荣获"北京郊区生态村"荣誉称号。2017年连续数月在区内环境拉练检查中成绩名列前茅，并承办了区级现场会。

五是为下一步推进休闲旅游打下了坚实基础。诚信的果品＋人品，漂亮的果园和干净的村庄，让果园变身休闲体验园，为仙桃、民宅、农家饭注入文化因素，借助丫髻山厚重的道教文化传承，让更多的游客走进刘家店来休闲旅游享受文化。

B.15
松棚村《村规民约》（2017）

焦士禄[*]

摘　要：　平谷区刘家店镇松棚村退休教师焦士禄把松棚村《村规民约》以群众喜闻乐见的形式，男女老少在全村群众会上朗诵：松棚村历史文化、村民讲文明、我做起、树正气、传家训、知孝悌、和睦居、待客道　讲诚意　幸福人　共富裕、遵规划、顾大局　识大体、人心齐　泰山移　文明村　京东立。

松棚村　是宝地　历史久　汉时驿（汉代驿站）
金古寺　名崇慧　古寺前　松树巨
明八景　人称奇　到清代　村名立
好生态　有人文　丫髻前（丫髻山前）　　景色怡

爱国家　为集体　跟党走　志不移
党代表　带好头　顾大局　识大体
村委员　做示范　除陋习　树正气
好村民　响号召　讲文明　我做起

立家训　兴善举　长有序　知孝悌

---

* 焦士禄，中共党员，退休教师，平谷师范学校毕业，1972 年 1 月参加工作。

好家风　美德延　祖传父　父传子
教有方　儿女益　夫妻舵　齐心力

邻里间　理为先　和睦居　乐善积
遇纠纷　勿动气　互谦让　明事理
别人好　莫忘记　若有难　尽全力

诚信村　联盟立　守章程　好声誉
厚德果　增效益　不能用　除草剂
生态桥　养土地　要施肥　用有机
待客道　讲诚意　幸福人　共富裕

砖瓦柴　放院里　环境美　有秩序
倒垃圾　不随意　公益事　不惜力

2017 年 8 月松棚村男女老幼上台朗诵《村规民约》

禁焚烧　净空气　不乱占　闲散地
遵规划　宅基地　搞建筑　先报批

此条约　大家立　执行好　都受益
人心齐　泰山移　文明村　京东立

B.16
为了明天更美好

焦世禄*

摘　要：　松棚村乡民以"三句半"的形式，说唱村民文化生活
　　　　　丰富多彩。

合：竹板一打点对点　　　唱一唱幸福生活点点点
　　你别小看这一点点　　　说的都是闪光点
　　文化生活丰富点　　　　村规民约遵守点
　　义务劳动参加点　　　　你一点　我一点
　　大家都来奉献点

1. 国家大事关心点　　　　国家政策响应点
　　迎接十九大提前点　　　人人都来努力点
　　全民奔小康更快点　　　中华复兴梦早实现点
　　（和）对对对…………中华复兴梦早实现点

2. 待人处事实在点　　　　做事良心放正点
　　言谈举止文明点　　　　私心杂念少有点
　　知足常乐点　　　　　　吃亏是福点
　　人活在世洒脱点
　　（和）对对对…………人活在世洒脱点

3. 邻里街坊和睦点　　　　有事互相帮扶点

---

*　焦世禄：中共党员，退休教师，平谷师范学校毕业，1972 年 1 月参加工作。

团结的事多做点　　　　扰民的事远离点

遇事谦让点　　　　　　顺心话儿多说点

乡里乡亲包容点　　　　大家全都开心点

（和）对对对…………大家全都开心点

4. 家有老人孝顺点　　　　晚年生活舒心点

教育子女讲究点　　　　多为祖国贡献点

夫妻双方互敬点　　　　白头偕老珍爱点

有事大家商量点　　　　阖家团圆美满点

（和）对对对…………阖家团圆美满点

5. 果树密植多搞点　　　　经营管理科学点

有机肥多施点　　　　　有害农药杜绝点

疏花疏果合理点　　　　果大色艳更甜点

诚信多一点　　品质优一点　　效益高一点

（和）对对对………诚信多一点　　品质优一点　　效益高一点

6. 荒草树叶多埋点　　　　禁烧垃圾自觉点

房前屋后干净点　　　　节能减排保持点

花草树木爱护点　　　　环保意识加强点

（和）对对对…………环保意识加强点

7. 公益活动参加点　　　　集体的事多干点

个人的事靠后点　　　　助残扶贫积极点

助人为乐高尚点　　　　公而忘私勤奋点

做人胸怀大度点　　　　众人拾柴火旺点

团结力量大一点

（和）对对对……众人拾柴火旺点　　团结力量大一点

合：只要你心态豁达点

思想开放点

仁心向上点

觉悟提高点

你就能和谐点　舒心点　贴心点　开心点

说千点道万点

党的政策是重点

法律法规多学点

你一点他一点

今日就说这几点

明天见面高兴点

接着再说点点点

北京平谷区刘家店镇松棚村村民
说唱三句半快板书（2017.8）

北京市平谷区挂甲峪村发展纪事（上）

李永明　孙景权*

这是一片神奇的热土；

这是中央和北京市领导多次视察过的地方；

这里是绿色的世界；

更有人将这里誉为我国北方的"季节小江南"、最聚人气的休闲之谷。来到这里，仿佛走进了世外桃源般的天然氧吧之中。

这，就是京郊著名生态村、中国最有魅力休闲乡村——北京市平谷区大华山镇挂甲峪。

秋日的挂甲峪，林茂果丰，一派丰收的景象。

伴着凉爽的秋风沿环山路驱车而上，我们攀上村南的最高峰老君山。举目眺望，整个村庄宛如一把散落在绿色巨碗中的明珠，在恬静、淡然中透着灵秀；再看那，畅通整洁的柏油马路、依山而建的村民住宅别墅楼群、用村民青砖黛瓦般的老宅改造而成的"五福街"、掩映在绿树丛中的温泉洗浴池和生态小木屋、波光粼粼的"五瀑、十潭、两湖"；还有那层层梯田上的果林，遍布在青山绿水中的六郎景区、长寿山、火山瀑布、龙王庙、西山观景亭等大大小小的自然景观，以及与手机信号发射塔融为一体的旋转餐厅、民俗大饭厅……尽赏如此多彩多姿的美景，我们不禁感叹："好一个北国'小江南'，名不虚传！"

---

* 李永明，北京市平谷区宣传部原副部长；孙景权，平谷区北京市作家协会会员。

创业时光

挂甲峪，三面环山，村域面积 5.5 平方千米，清咸丰年间成村，据传古时此地为养马息憩之地。北宋名将杨六郎（延昭）当年抗辽凯旋，行军途中曾在此歇息，将铠甲脱下挂在树上，故称"挂甲峪"，建村后以此为村名。

然而，有谁能够想到，昔日的挂甲峪竟是一个"荒山秃岭无绿色，吃水人背或驴驮"的穷乡僻壤，全区有名的贫困村？"羊肠路、荒山头，吃水贵如油"、"荒山野岭鸟不栖，有女不嫁挂甲峪"，就是当时挂甲峪村的真实写照。因为穷，全村不足百户、三百四十多口人，居然有三十多个穷光棍儿。一个远嫁他乡的姑娘曾这样发过誓："下辈子就是'托生'兔子，也不回挂甲峪这个穷地方拉屎来。"

1987 年年初，在大华山乡政府工作的张朝起在乡主要领导鼓励下，不顾亲朋好友的劝阻，果断放弃每月 350 元的收入和到县政府给领导开车的机会，毅然回村任职，带领乡亲们挖穷根，奔富路，立志改变家乡一穷二白的面貌。从此，他带着强烈的使命感和责任感，承载着全村父老乡亲的信任与期盼，开始了艰难曲折的创业历程。

张朝起初回村时，村办手套厂和铁锹厂两个小企业产品积压，卖不出去，村集体账上除了 30 多万元的"饥荒"外，一分钱也没有，还欠着银行 5 万元贷款。面对乡亲们期待的目光，他做的第一件事就是推销村办手套厂积压的 20 万只手套和铁锹制品，不仅让乡亲们领到了加工费，还还清了企业向老百姓筹集的集资款。

过去，村里通往山外只有一条羊肠小路，1958 年虽修起一条三米宽的土石路，但一到雨季，便泥泞难行，阻断了大山与外界的联系。张朝起深知，四通八达的道路对于闭塞的山村来说意味着什么。

要想富，先修路。为了筹集修路的资金，从 1987 年 10 月开始，张朝起边发动全村人捐款，边骑着破旧的自行车四处"化缘"。在各级领导特别是县公路局的大力支持下，1988年10月，挂甲峪通往山外的一条3千米长、10米宽的村级公路终于破土动工。经过一个冬春的鏖战，北京市山区第一条村级柏油路终于将挂甲峪引向了外面精彩的世界，为挂甲峪村的社会经济发展奠定了基础。走在宽敞的柏油路上，乡亲们竖起大拇指夸奖说："朝起真是了不起，我们摸黑也能走路了！"

通往山外的路修好以后，张朝起又开始着手实施第二步计划：办企业，走以工养农的路子。因为在他看来，改变家乡面貌，带领群众致富，光靠群众集资和争取上级支持是不行的。用老百姓的钱，是抽自身的血，用上级支持的钱，是输别人的血，要想真正强身壮体，必须自身造血，建起自己的产业，有了自己的产业，才能使本村的经济成为有根之木、有源之水。

为了更好地为全村发展积累资金，张朝起决定走联合办厂的路子。在县政府支持下，1989年，张朝起经过全面考察和可行性分析，投资130万元与北京金属材料厂合办"三联金属制品厂"，生产小农具。1995年，尝到办企业甜头的张朝起又与北京高压气瓶厂、新加坡天海公司合资生产高压容器配件，第二年赢利40万元。从此，拿惯了锄把子的农民生产出高压容器附件，成为村里的支柱产业，不仅为集体还清了国家和个人的欠款，还打深水井解决了全村的人畜饮水问题。昔日闭塞、落后穷困的挂甲峪村开始走上兴旺之路，乡亲们看到了幸福生活的希望。

生态立村

然而，随着改革的不断深入和社会主义市场经济体制的日趋完善，乡镇企业的鼎盛时期风光不再，挂甲峪村的企业也没能逃出这个厄运。进入 1997 年，受各种市场因素的制约，挂甲峪村工业生产形势急转直下，产值连续大幅度下降，一些干部群众士气低落，认为挂甲峪村今后的发展希望渺茫。

就在这个节骨眼儿上，8 月的一天，县里召开山区综合开发水利富民现场会，犹如暗夜里给挂甲峪这个小山村点亮了一盏明灯。

"我们不能捧着金饭碗要饭吃。金饭碗在哪儿？就在我们身边的山场里，就在我们脚下的老土中，就在我们勤劳的双手上……"张朝起开会回来，反复思考着县领导说的话，突然意识到挂甲峪这块没有污染的山场，就是未来发展的巨大财富。全村近万亩山场如果开发出来，这不就是挂甲峪未来的"绿色银行"、"聚宝盆"吗？

第二天一清早，他就召开村两委班子会议。在统一大家思想的基础上，他请来县规划局技术人员进村实地勘察做规划，决定抓住市委、市政府出台山区综合开发水利富民政策的机遇，按照"山、水、林、田、路综合治理，顶、坡、沟立体开发，高标准规划设计，一步成型到位"的原则，带领乡亲们发扬自力更生、艰苦奋斗新一代"愚公精神"，艰苦创业，奋力拼搏，向荒山、荒地要土地、要效益，办扎根企业，建绿色银行，走山区生态经济可持续发展致富之路。

经过几年的艰苦奋战，挂甲峪村山山水水变了模样，当初制定的"十上山"即"道路修上山、水利引上山、果树栽上山、畜牧养上山、科技跟上山、电信网络布上山、新能源项目建上山、游客游上山、有机果品改上山、生态民居建上山"和"山山路相通、山山水相连、山上果飘香、山下湖鱼欢，五业大发展，产值超亿元，山村变成小江南"的发展目标初步实现。在全村拥有两条龙脉的万亩山场上，修起了长达 40 千米的水泥环山路，全村每座山峰都有水泥路直达山顶，像一条蜿蜒的彩带飘落山间，吸引着越来越多山外的人走进深山，体验农家田园生活，游客或乘车，或徒步，一路都是风景。

水源稀缺是挂甲峪的切腹之患。张朝起特别重视水利建设，在进行山区开发的同时，带领村民依山就势，修建了大集水池、小截流、小塘坝、小水窖等100多个小水利设施，铺设了3万多米地下管道，形成相互连接的水利网络。短短几年光景，荒山沟里建起了两座塘坝、156个水窖，同时，充分利用地下浅层水、山泉水和偏坡水、路面水等，建成了"五瀑、十潭、三湖"等既优化生态环境又符合山地需要的基础设施，做到了"零水整用、闲水忙用、高水低用、恶水（洪水）善用"，让每一滴水都变成循环水、生态水、富民水。通过水的综合开发和利用，实现了大气水和地下水的良性循环，成为京郊山区综合开发建设的一面旗帜，被国家水利部命名为"全国水土保持十百千示范工程"。

与此同时，挂甲峪村的综合利用再生有机能源也取得了显著成效。从2000年开始，利用再生有机能源，全村两千多个果园全部安装了光能频振式杀虫灯，为生产生态型无公害果品提供了安全保障。此外，全村350多盏路灯均为太阳能路灯，包括庭院里的庭院灯、草坪灯，全村所有果园里的杀虫灯，全部使用太阳能；农民住宅采用太阳能设施，取暖煤改电，做饭用（生物）质气和天然气，点灯取暖用太阳（能），每户年均节约开支6000元以上，不见炊烟成了这里一道别致的风景。有专家曾做过这样的测算，挂甲峪村一年可再生能源的利用达到总能耗的30%，大大高于全国7%的比例。

"股份"兴村

干着今天，想着明天，张朝起时时思考着挂甲峪村的发展与未来。

20世纪90年代末，尽管山区开发取得阶段性成果，挂甲峪村党支部并没有满足，又开始酝酿着一个更大的规划。

2001年4月的一天，张朝起和村两委班子成员来到长寿山上。

望着山下新开发出来的果树林地和层层梯田上新栽好的树苗，一个在当时引起轰动的想法在他的脑海里油然而生："在稳定土地家庭承包基础上走可持续发展之路，把各家各户的土地集中起来实行股份制，让村民当股东，以土地入股，集中经营，按效益分红。然后村集体利用集中上来的土地，发展林果搞旅游，让老百姓像城里人一样上班，一样生活。"

在村两委班子会上，他的想法得到了大家的一致赞同。很快，《挂甲峪村实行股份制方案》和《挂甲峪村社区股份合作社章程》草案制定出来了，决定全村实行股份制改革，村民自愿以土地入股，人人持有股份，每人每年享受固定数额的收益。方案和章程拿到党员和村民代表会上讨论，结果竟是高票通过。几个村干部带头，签下入股协议书。

就在村里研究具体实施方案的时候，县有关部门的领导知道了这件事，对张朝起明确表示不支持挂甲峪的做法，理由非常充分："与上级有关精神不相符，你们的思路太超前了！"

一时间，来自社会上的各种压力接踵而来。面对遇到的各种困境和干扰，挂甲峪人不信这个邪，只要对老百姓有利，对村里发展有利，就坚持搞下去！

2002 年 11 月，党的十六大召开，十六大报告中明确提出的"积极推进农业产业化经营，提高农民进入市场的组织化程度和农业综合效益。有条件的地方可按照依法、自愿、有偿的原则进行土地承包经营权流转，逐步发展规模经营。尊重农户的市场主体地位，推动农村经营体制创新"，就像一盏明灯照亮了挂甲峪人前进的道路，他们探索农村土地流转和坚持实行股份制改革的信心更足了，思路更清晰了，原来观望、怀疑的农户纷纷申请入股。

村里成立了"挂甲峪村社区股份合作社"，把零星分散的农户承包地折算股份转化为村里的集体产权，由村集体统一规划、统一经营、科学开发、持续利用，并注册成立"天甲富民投资管理中心"，代表社员依法行使集体资产的所有权和经营管理权。同时，按照土地使用集约化、资源占有股份化、经营管理公司化、分配方式股份化、产业发展规模化、发展决策民主化、综合发展科学化、生产生活环保化、居住条件别墅化和生活水平小康化"十化"要求，以集体经济为依托，村里成立了天甲工业公司、天甲旅游集团公司、天甲农林公司、天甲物业管理公司和天甲富民股份公司，通过公司化的运行机制，集中全村人力、物力、财力兴办各种产业，做大做强集体经济，为全村的长远发展、民生的持续改善和村民的共同富裕提供了坚实的产业保障。

对于挂甲峪人来说，股份制改革的意义远不止让村民分得现金，随之改变的还有人们的精神面貌、思维方式、民主意识、价值观念……参照"全国文明村"的评定指标，他们还别出心裁地设置了计划生育股和精神文明股，如果哪家违反了计划生育政策，门前乱堆乱放，哪家的计划生育股和精神文明股就没有了，年底也得不到相应的分红。

历时8年的实践与探索，使勇于探索的挂甲峪人走出了一条符合自身实际发展的股改兴村之路。作为北京市第一批农村产权制度改革的村庄，挂甲峪村初步形成了"土地变股权、农民变股东、有地不种地、交易靠分红"的新型劳动分配方式，出现了"十大变化"即产区变景区、劳动变运动、外销变内销、产品变礼品、农民变股东、分居变团居、落后变先进、贫穷变富裕、愚昧变文明、精神变物质。2009年年初，拿到第一笔入股分红款的乡亲们高兴地说："把地交给村里，什么都不用操心，除了地租，还能入股分红，哪找这样的好事去！"

旅游富民

经过多年的山区综合开发建设，挂甲峪的山山水水变了模样，但挂甲峪人并未就此止步,又做起了旅游这篇大文章。通过发展旅游,把绿水青山变成老百姓的"金山银山"。

以集体经济为依托,村里成立了由天甲工业公司、天甲旅游公司、天甲农林公司、天甲物业管理公司和天甲富民股份公司等子公司组成的北京市天甲旅游开发集团,通过集团化运行机制,有计划地建设旅游基础设施。多方筹措资金在山间果林中建成了长寿山、老君山、五瀑十潭和民俗大舞台、民俗大饭厅、旋转餐厅、生态小木屋等多处旅游基础设施,以及龙王庙、卧佛和观音像等人文景点,建成了集餐饮、住宿、娱乐、休闲、观光为一体的挂甲峪山庄度假村,旅游与农林、村企业并驾齐驱,成为全村的三大经济支柱之一。

最早从2001年开始,挂甲峪村就进行统一规划,着手解决新民居问题。2004年,挂甲峪村被区委、区政府列为新民居建设试点村,2005年被市政府列为13个旧村改造试点村,挂甲峪排在第一,集中统一建设别墅式新民居。新民居为两层别墅式,全部采用太阳能设施,建筑材料生态环保,污水排放集中处理,从根本上改变了传统的居住生活方式。村内铺设污水处理管道,对全村污水的排放进行集中处理,节约了珍贵的水资源。住进漂亮的新民居,几乎家家搞起了民俗接待旅游,成为乡亲们重要的经济收入来源。需要特别说明的是,挂甲峪村建设新民居没有占用一分耕地,全部依山而建,节约耕地110多亩,为此受到了国土资源部的表扬。

挂甲峪村南有明显的古火山遗迹。经专家多方勘察论证,该区域内地下岩层极可能有储量丰厚的地热水层。从2012年开始,村里请专业的地质工程勘察队伍施工,经过两年多的开发建设,打出了北京市第一眼终孔深度2272米、日出水量1200立方米的自冒温泉地热井。经检测,地热井的水温为70度,出水口温度52度,水中含有氟、铁、锰、锂、锶、偏硅酸、偏硼酸和微量元素等多种有益矿物质,尤其是富含防癌抗癌的硒元素和预防"三高"的锶元素,其水量、水温和水质均达到了开发温泉项目的标准。本着"开发、利用、保护"的原则，建成了长寿山桃花源温泉、火山遗址 12 生肖潭露天沐浴和伍福街家庭式四合院室内温泉三大温泉洗浴设施，成为吸引游客的金字招牌。

挂甲峪村富含硒。2016 年年初，村里邀请中国冶金地质总局地球物理勘查院对全村的土壤（风化壳）进行监测和检验。经过专家们近一年的样品采集、化验分析和研究，大量数据表明，该村大部地区处于原生态自然环境，土壤富硒含量均值高于国家标准值 16.4 个百分点，部分地区高于国家标准值 1.9 倍。没有重金属污染，于2016 年年底通过了来自中国科学院地质与地球物理研究所等科研单位的评审，将该项目质量评定为"优秀"。根据专家们的建议，挂甲峪村将大力发展富硒水果、富硒饮品和富硒温泉等项目，为旅游富民培育新的经济增长点。

成绩斐然

经过 30 年的艰辛探索和持续奋斗，挂甲峪村发生了沧海桑田般的变化。凭着山一般的意志和现代人的智慧，挂甲峪人走出了一条生态养山、旅游休闲、有机果品、再生能源的绿色循环之路，用实践诠释着科学发展观和"绿水青山就是金山银山"的发展之变。昔日的"羊肠路、荒山头，吃水贵如油"的穷山沟，初步建成了一个现代、文明、富足的社会主义新农村。

如今的挂甲峪，集体经济实力强大，村集体资产总价值由 2001年的 1000 万元增长到现在的 2 亿多元，村民的生活水平由 30 年前的人均年收入不足 300 元增长到现在的 3.05 万多元，30 年增长了 100多倍。以集体经济为依托成立的北京市天甲旅游开发集团，通过产权改革和公司化运作，经营业绩稳步提升，集体产业迅速壮大起来。

如今的挂甲峪，山清水秀、鸟语花香，全村林木覆盖率达到 95% 以上，空气中负氧离子含量高，生态环境有了质的飞跃，成为京郊著名的生态文明村和"平谷生态第一村"。每逢节假日，游人络绎不绝。漫步在平坦的山间路上，呼吸着山间清新的空气，听着虫鸣鸟啼之声，人们仿佛进入仙境般世界。几年前，国家旅游局专家来挂甲峪村视察，称赞这里是"北京的新大寨，京东的大绿谷，天然的大氧吧，休闲的好去处。来这里，品美食，尝鲜果，住农居，养心、洗肺又清脑"。

如今的挂甲峪，山山环绕致富路，坡坡栽满摇钱树，五业并举齐发展，再生能源综合利用，农民住上生态小别墅，村民生活宽裕，经济持续发展，多年前推行的股份合作制和公司化运行方式，迅速壮大的集体经济解决了村民的就业问题，为改善民生提供了可靠的经济保障，挂甲峪人稳步走在共同富裕的社会主义康庄大道上。

挂甲峪的成功引起了各级党委和政府的高度重视、关注与支持。近些年来，从中央到地方，先后有多名领导和社会各界人士到挂甲峪村视察、指导工作，给予挂甲峪人民以巨大的鼓舞和鞭策。

同样，随着各级领导的关注，作为北京市山区综合开发和新农村建设先进典型，自1987年以来，挂甲峪村先后荣获平谷区山区建设样板村和新农村建设先进村、北京市山区水利富民先进村、北京郊区生态文明村、北京最美乡村、首都文明村、全国文明村，以及国家级水土保持生态环境建设示范小流域、中国名村影响力300强和中国最有魅力休闲乡村等近百项市区级和国家级先进称号。

2006年，著名经济学家厉以宁来到挂甲峪村参观考察，称这里是"北方山区建设社会主义新农村的模式"。

B.18

北京市平谷区挂甲峪村发展纪事（下）

李永明　孙景权

挂甲峪村天翻地覆的变化，离不开村党支部书记张朝起和两委班子的勇于担当、科学谋划、身先士卒和默默奉献，离不开乡亲们的信赖、拥护与支持，他们书写了一部艰辛坎坷、久久为功的创业史，一曲愈挫愈勇、感天动地的正气歌。

2009 年 3 月 25 日，时任中共中央政治局常委、中央书记处书记、国家副主席的习近平同志到北京市调研在与各级干部座谈时，张朝起作为基层党支部书记参加座谈会并在会上发言。习近平同志对挂甲峪村坚持不懈抓党建、带领群众走共同致富道路的做法给予了充分肯定，并与张朝起三次握手。张朝起深受感动和鼓舞，把这种鼓励和肯定化为继续前行的动力，带领全村干部群众继续向着农村现代化的方向进军。

群雁高飞头雁领

作为挂甲峪村的领头雁，张朝起为了全村的发展，倾注了自己的全部精力和心血，赢得了全村老百姓的尊敬、理解和支持。乡亲们打心眼里感谢这位一心为大伙的好书记，纷纷称赞说："朝起一心想集体，为大伙，他把心都扒给大家了，唯独没有他自己。"

的确是这样。张朝起在回村的 30 年中，无论是冬夏寒暑，他早上六七点钟就起来工作，白天忙村里的事儿，晚上和其他干部商量事情，深夜一两点钟睡觉是常有的事。大伙都说他干起工作来是一个不要命、不知疲倦的人。一名曾在挂甲峪村实习过的女中专生给张朝起发来这样的短信，说："太阳都累了，我们还在干；星星都下班了，我们还在转。"这就是对张朝起和村干部们工作精神的真实写照。

修环山路时，需要大量的资金。钱从哪来？虽说村办企业攒下了几十万元，但对于搞这么大的工程来说，简直是杯水车薪。为此，张朝起东奔西走筹措资金。在资金最紧张的时刻，他和其他村干部商量，不惜卖掉了当时村里唯一的一辆桑塔纳轿车。在山上修路最紧张的日子里，他和村干部们几乎天天奋战在工地上，光鞋子就磨破了十几双，体重减了十多公斤。由于过度劳累，他多次晕倒在工地上，被送往医院抢救。

为了集体事业发展，张朝起18年没有在家过过年。为了办企业，大年三十，别人家团团圆圆过除夕，他却撇下妻儿老小，外出联系设备，在火车上靠一碗方便面和两个面包过了年。

走进张朝起的家，室内还是20世纪80年代装修的，茶几用了二十多年、沙发已露出填充的海绵。搞山区开发时，他曾一度倾尽家中所有，把自己家里积攒的卖水果、卖肥猪的4000多元钱全都搭在了工程上，连续8年没有往家拿过一分钱，以至于父母在大年三十吃不上一顿肉，外出谈业务穿上妻子的毛裤，谁外出谁穿，让妻子穿着露脚趾的鞋出去劳动。给两个儿子盖房，"拉饥荒"十多万元至今还没有还清。父亲病了两个月，他都没有时间去看，父亲去世时，他还在外边开会。每当想起这些，张朝起总是动情地说："作为儿子、丈夫、父亲，我对家庭是有愧的。但作为共产党员，作为老百姓的带头人，我尽到了责任，我感到光荣、感到自豪，我对过去30年的奋斗无怨无悔，对未来的奋斗将坚定地继续，直至生命的最后一息！"

自打回村那天起，张朝起就立下一个誓言：一身正气两袖清风，不占集体半点便宜，不让群众戳脊梁骨，不在挂甲峪栽跟头，自觉地贯彻执行党风廉政建设各项规定，严格要求自己，不该得的好处坚决不贪不占，甚至该得的也要主动让出去。前些年，他担任村里7个经济实体的法人代表，但他只拿村委会的一份工资。回村30年，他从没有利用手中的权谋过一己私利，经得起明察暗访等各种考验。这么些年来，他如果凭自己的威望和朋友关系办私人企业，或在村里开农家院，一年至少赚几十万元，可他一心扑在工作上，把赚钱的机会让给村里的人。

这些年来，他的家人、亲戚无论是用车，还是陪客人用餐都按规定交钱，从未占过集体一点便宜。面对各种利益的诱惑，他更没有动过心。2004年，一包工头承包挂甲峪村的修缮工程，偷偷塞给他1万元钱，被他严词拒绝。2013年，有人为少花钱从挂甲峪租赁集体名下的民房，提出给他5万元好处费，他当即告诉对方，这房不租了。近些年来，他把外出做报告收到的10万多元报告费作为集体收入全入到了村委会的账上；逢年过节，亲朋好友送的烟酒茶，他存放到集体的小库房，留作集体待客用。为此，有人说他油盐不进，从地底下刨也刨不出这样的人来。

2005年，张朝起被评选为全国和北京市劳动模范，并多次被评选为市、区优秀共产党员和优秀党务工作者，2009年被评为北京市廉政之星。2007年，时任北京市市长的王岐山同志到平谷区调研新农村建设时，称张朝起是山区农民致富的好带头人，如果能有千儿八百的张朝起，北京山区的建设步伐将会大大加快。

好书记带出硬班子

张朝起率先垂范和他无欲则刚的人格魅力，形成了强大的精神磁场，深深感染着两委班子成员。在全村各项事业发展中，大家拧成一股绳，共同攻坚克难、勇往直前。

　　一年 365 天，累不少挨，钱不多拿，但大家不改初心，凝聚在一起，战斗在一起，形成了一个强有力的战斗集体。当村里修路、办企业、搞开发需要集资捐款时，他们带头掏出家里的积蓄；推行股份制改革遇到压力和阻力时，他们带头交出自家的地和树，用自己的实际行动打消村民的顾虑；他们人人都身兼数职，起早贪黑，工作起来没日没夜。这种活生生的挂甲峪精神感染着全村老百姓跟着他们干，衷心地支持并拥护他们，大家心往一处想，劲往一处使，"九牛爬坡，个个出力"，向大山要小康、向产业要富裕。在村两委班子成员带动下，全村爆发出巨大的创造力和战斗力，为挂甲峪在发展之路上披荆斩棘提供了强大的精神力量。真情、真心、真干，村两委班子换来村民的信任与支持，每次换届选举，班子成员没有买过、拉过一张选票，但都能以高票当选。

　　如此优秀的村两委班子不是凭空产生的，这与挂甲峪村党支部坚持不懈、一丝不苟抓党建，始终注重以抓党建促发展的做法是分不开的。作为村党支部书记，张朝起始终坚持狠抓党支部和村委会两个班子建设，通过提升两委班子的整体素质，凝聚全村党员，带动全体村民同心同德、共甘共苦、共同创业。对于村两委班子，他提出了"坚持八个理念"的要求。即一是坚持正确的政治理念，紧跟党中央，念好社会主义新农村的致富经；二是坚持执政为民的群众理念，牢记党的宗旨，一切为了群众；三是坚持科学的发展理念，面向市场求生存，与时俱进谋发展；四是坚持坚定的组织理念，村里大事小情，都由村委会集体决定；五是坚持自主创新的创业理念，立足实际学先进，结合村情搞突破；六是坚持讲求效率的时间理念，凡事不推诿，村干部打头阵、当先锋、做表率；七是坚持对一切负责的质量理念，村里所有工程、产品和服务，坚持靠质量取胜，以过硬的质量树口碑、立品牌；八是坚持注重实际成果的效益理念，上项目、干工程，既着眼长远，又脚踏实地，绝不好高骛远。

在挂甲峪，从支部书记到每个党员，都始终坚持"一正、二硬、三勤、四廉、五为民"的原则，始终坚持"廉为根、勤为本、科学发展是方向"的理念，建立健全全村各项制度并带头严格执行。他们严格执行"三会一课"制度，每月至少召开两次支部会议、两次村两委会议，讨论决定村里重大事项；按时召开民主生活会和组织生活会，认真进行党员评议；针对村里具体发展问题，不论大事小情，都坚持"一事一议"制度，召开村民代表大会、党员代表大会，严格按照民主决策程序，讨论决定村务各项决议；坚持党员学习制度，并通过党员干部带头在全村形成讲学习的氛围，从而带领村民学习文化知识、提升文明素质。

为了确保党员干部队伍始终保持先进性、纯洁性，挂甲峪村制定了《党员"十不"承诺》和《挂甲峪村工作规则》等严格明了又紧扣当地实际的规章制度，给各位党员干部划出了底线和红线，并成立了村级党风廉政监督小组，多管齐下把村里的正义正气牢牢树起来，形成同心同德、干事创业的浓厚氛围。

众人浇开幸福花

有这样的好书记、好班子，老百姓怎能不佩服？

作为挂甲峪村建设发展的中坚力量，全村广大共产党员严格按照农村"五带头"党员标准要求自己，不折不扣地支持村党支部工作，带头做好群众工作，在各个方面挑重担、担大任，当先锋、做表率。

党员干部做表率，群众岂能落后？多年来，不论治山、治水、修路，还是建果园、建塘坝，全村男女老幼齐上阵，每家每户都自觉自愿地义务劳动，搬石头、运沙子，战酷暑、斗严寒，热火朝天的场面令人为之动容。共同创业的过程，也促进了农民素质的提升，村子里私搭乱建的没有了，山坡上随意放牧的没有了……保护植被、扶弱济困、诚信待人、热情好客，成为每个挂甲峪人的自觉习惯。

在挂甲峪村经济和社会发展中，许多村民敢于坚持原则，主持正义，在关键时刻挺身而出，同违反群众利益的歪风邪气和不良现象做斗争，为维护挂甲峪村的社会和谐稳定和经济发展做出了突出的贡献。

复员军人李建国体谅集体困难，从不给集体出难题。2000 年，村里修环山路，放炮崩起的石头砸坏了他家许多果树。村里决定给他家一些补偿，他不仅不要，还自己把石头清理出去，重新栽上幼树。有人问他为啥不要村里给的补偿？他说："村里修路，还不是为大伙？咱大忙帮不上，就别给集体添乱了！"

炮工李建秀，人称"李大胆"。1997 年村里搞山区开发，他经常用自家的农用车拉炮药，不顾危险打眼放炮。修老官顶路时，由于坡陡路滑，连人带车差点翻下山。他体谅村里困难。自己掏钱修车，耳朵被炮声震聋，坚持不下火线。一年夜里 9 点多，村南小木屋的坐便堵住了，他连夜疏通到 12 点多。他说："身为挂甲峪村民，我感到很自豪，为集体所付出的一切都值得！"

村民李淑荣 2002 年秋带着两岁的小孙女到自家地里摘桃时，见村里修路放炮炸开的石头飞来，来不及躲避，便把小孙女护在身下，自己的肩膀被砸伤。她深明大义，没有向村里提出任何补偿。

村民王怀青舍小家为大家，在村里修街道时毫不犹豫拆掉自家的房子。在村工作多年，他从不损公肥私，无论是去三河为集体买木料，还是到华山集上给伙房买食材，还是在村里菜田工作期间，始终做到账目清楚，没有占过集体一分钱便宜。他拒绝多开发票的行为在社会上广为流传，至今传为美谈。

众人拾柴火焰高。2013 年，村里温泉项目遇到资金困难，村里决定采取抵押贷款的方式进行融资，王俊国等 18 户村民自愿报名用自家的房子进行抵押，为村里融资。村民张义军，2006 年搬进别墅之后，不买家具、不安空调，省吃俭用，比计划提前 3 年还清了国家贷款。村民刘宝海支持集体工作，2014 年当村里搞工程占用他家承包的果树地后，不和村里讨价还价，甘愿为建设家乡做贡献。村民张小燕开办农家院热情待客。2013 年的一天，天空下着小雨，她主动邀请路过的客人进屋避雨，给客人沏茶倒水，把家里的水果拿出来招待客人，为挂甲峪村赢得了美誉。还有放弃高薪工作回村，一年四季忙于村农林公司工作的村民代表贾守信，利用废旧材料做建筑、为村里节省资金的外聘人员那铁轮；还有因村里建新民居占用果树地宁可自家受损失，也不给集体出难题的王俊良，还有……

有这样识大体顾大局、一心向集体的好乡亲，挂甲峪村的事业怎能不兴旺！？

使命重在担当，实干铸就辉煌。在党的十九大即将召开之际，挂甲峪村党支部没有被所取得的成绩所陶醉，按照区委继续深化"两学一做"学习教育和在全区开展"勇于担当"主题实践活动要求，又提出了新的奋斗目标：以国家实施京津冀协同发展的战略布局以及平谷区举办 2020 年世界休闲大会和打造京津冀协同发展的桥头堡、建设北京城市副中心后花园为契机，依托现有旅游资源优势，不断增加旅游基础设施投入，进行村域资源整合与综合利用，创新集成式旅游新格局，打造以"大旅游、大文化、大花园、大果园、大公园、大乐园、大温泉、大溶洞、大漂流和中小学教育大课堂"为特色的生态养生旅游产业和十大旅游休闲园区，将挂甲峪村建设成北京国际生态文化长寿度假村，实现挂甲峪村新的跨越式发展，争取到 2019 年实现全村人均收入 10 万元，同时辐射和带动周边地区共同发展。

站在新的发展起点上，挂甲峪这个美丽小山村在张朝起的带领下，将会建设得更加美好！

B.19
不忘初心再前行——写在回挂甲峪村任职30年之际

张朝起*

摘　要： 现在的北京远郊区逐步实现了农村城镇化、产业规模化、农业现代化，大地园林化。但是，在30多年前，北京远郊区平谷区挂甲峪还是一个穷山沟。

关键词： 挂甲峪村　责任与使命　再前行

张朝起，北京平谷区挂甲峪村人。1974年任乡政府司机。1987年应村里老书记动员，辞职回挂甲峪村任村党支部书记，带领乡亲们脱贫致富。一干30年，办实事，成绩卓著：有一个好团队，带领群众，实干30年，坚忍不拔，遵循规律，依靠群众，科学发展，使贫穷山区富起来；保护山区美好生态，传承厚重文化，推进社会发展。研究挂甲峪村的发展过程，总结实践经验，不忘初心，再前行，创造更美好的未来。

1. 村办企业

回村做的第一件事。推销村办手套厂积压的20万只手套，乡亲们领到了加工费，还清集资款。成立"北京成功容器附件有限公司"，成为村里的支柱产业。

---

* 张朝起，平谷区挂甲峪村党支部书记。

2. 建成第一条村级柏油公路

1987 年开始，三年建成 3 千米、宽 10 米村级柏油公路。

3. 实施山区综合开发水利富民工程

1997 年规划实施"五上山工程"，即道路、水利、大桃栽上山；再生能源、科技文化跟上山。

（1）村修 35 千米水泥环山路（今 40 千米）、"五瀑、十潭、两湖"景观，造用材林 1500 亩，封山育林 1100 亩，造经济林 800 亩，闸沟垫地 160 亩，建塘坝 2 座，300 立方米以上的大水池 10 座，小水池 182 座，衬砌水渠 4 处计 3000 米，修建排洪渠 2 条 300 米，打井 8 眼，新建扬水站 4 处，累计坡改梯田 500 亩，发展水浇地 500 亩，节水工程 550 亩，实现大气水和地下水的良性循环，被国家水利部命名为全国水土保持十百千示范工程。水利富民工程效果显著。

（2）2000 年，在"五上山"工程基础上，又规划实施了新的"五上山"工程。即电信网络布上山，文体项目建上山，有机果品种上山，旅游游客玩上山，生态别墅建上山。新"五上山"工程的实施，彻底改变了挂甲峪村贫穷落后的面貌，成为京郊山区综合开发建设的一面旗帜。

4. 率先实行股份制改革

为发展集体经济，让村民生活得更好，像城里人一样上班和生活，2001 年，探索农村土地流转和集体资产产权制度改革，在稳定土地家庭承包基础上实行股份合作制，走可持续发展之路。挂甲峪初步建成了"山山环绕致富路，坡坡栽满摇钱树，五业并举齐发展，再生能源综合利用，农民住上生态小别墅"的文明、富足社会主义新农村。

5. 环保节能用上新能源

坚持绿色环保生态理念，走可持续发展之路，新民居全部采用太阳能设施。全村 350 多盏路灯，包括庭院灯、草坪灯，果园里的杀虫灯，全部使用太阳能。

6. 把旅游建成支柱产业

2001 年，村里成立了天甲旅游开发有限公司，通过集团化运行机制，有计划地建设旅游基础设施。旅游与农林、村企业并驾齐驱，成为挂甲峪村的三大经济支柱之一。国家旅游局专家称赞：是"京东的大绿谷，天然的大氧吧，休闲的好去处。"2011 年 7 月 29 日，农业部主办"2011 中国最有魅力休闲乡村"评选活动，挂甲峪村被评为北京市唯一一个国家级最有魅力休闲乡村。

7. 开发建成火山温泉

挂甲峪村南有火山遗迹。2012 年请专业地质工程勘察队伍施工，经过两年多的开发建设，打出了北京市第一眼终孔深度 2272 米、日出水量 1200 立方米的自冒温泉地热井。经检测，其水量、水温和水质均达到了开发温泉项目的标准。本着"开发、利用、保护"的原则，现已建成一期温泉设施，三处温泉已开始接待游人。目前，二期温泉设施正在规划之中。此外，还将通过环保设施循环处理保护再利用：冬季取暖、温室种植。

8. 实现无线网络全覆盖

目前，此项工程，让游客享受无线上网的便利。与盖网公司合作，建成全国首个盖网覆盖村。已安装 5 台"盖网通智能互动媒体服务终端机"，消费者在挂甲峪可以运用手机通过盖网实时消费体验。

9. 建成首都大中小学生社会实践活动教育基地

2014 年，挂甲峪村被北京市教委批准为第四批"北京市中小学生社会大课堂资源单位"和"利用社会资源丰富中小学校外实践活动"资源单位；2015 年，挂甲峪村所属的北京市天甲旅游开发集团和北京挂甲峪酒业有限公司两个单位被市教委评选为"初中开放性科学实践活动"资源单位，同年被平谷区教委定为全区中小学生教育基地和社会实践课堂，为学生课外实践活动提供基地和学习平台，每年接待参加校外实践活动的市、区中小学生 5000 多名。

10. 经验：挂甲峪党支部坚持"为人民服务"宗旨，艰苦奋斗实干精神

带领全村人民不断探索、科学规划、自强实干，取得了成功。

（1）不断探索，未来规划更上一层楼。挂甲峪规划：建设北京国际生态文化长寿度假村、富硒村、开发溽河工程等。挂甲峪村从自身资源优势的实际考虑，出招，立创新工程。其思路和规划建设，不断创新，走向未来。

（2）坚持人才战略，给农村插上鹰飞蓝天的翅膀。经过三十多年的发展，现在大批有创业抱负的年轻人在这里茁壮成长，农业、企业、旅游、生态环境、村民生产与生活的科技含量在逐年提高。与北京、平谷区内外、国内外建立交往与合作关系，村里新一代年轻人为农村发展后劲提供了有力的智慧保障。无论如何，年青一代比他们的父母更具备智慧和科技创新能力。

以下作者根据在挂甲峪村"不忘初心·勇于担当·继续发展"研讨会上作的主旨发言整理。

2017 年 3 月 10 日，我回村任职整整三十年了。三十年间，我都做了些什么？最近一段时间，我结合全区开展的"勇于担当"主题实践活动，将自己回村任职三十年来所做工作和情况进行了认真回顾和总结，不禁感慨万千。

责任与使命

昔日的挂甲峪是个资产空空、负债累累的穷村。有个顺口溜这样形容挂甲峪：羊肠路、荒山头，吃水贵如油；穷山沟、荒坡地，有女不嫁挂甲峪。因为穷，全村虽只有三百多口人，却有六十多个光棍儿。

1974 年，我走出大山，先在社办企业工作，后到乡里给领导开车，经常跟领导一起到外面去参观。看到人家日新月异的发展变化，想起村里的情况，说实在话，我真是着急上火。1987年年初，村里的老书记动员我回村，改变家乡面貌。老书记的希望和信任，对我触动很大。我答应了老书记的要求，向乡党委提出了回村任职申请。乡领导劝我慎重考虑。可是，定了的事，不能反悔。我请领导放心。我不顾亲朋好友的劝阻，果断放弃每月350元的收入，于3月10日回村任职，带领乡亲们脱贫致富，立志改变家乡一穷二白的面貌。

（一）做大做强村办企业

1987年以前，村里只有手套厂和铁锨厂两个小企业，本小利微，欠了一屁股债。我回村后，做的第一件事就是推销村办手套厂积压的20万只手套，乡亲们领到了加工费，还清了厂子向老百姓筹集的集资款。为了还清债务，为全村发展积累资金，我决定走联合办厂的路子，在县政府支持下，经过一番努力，与北京高压气瓶厂、北京金属材料厂联合成立了北京三联金属制品厂，为北京高压气瓶厂生产高压容器配件——高压瓶帽，后与北京高压气瓶厂、新加坡天海公司合资成立"北京成功容器附件有限公司"，生产高压容器配件，拿惯了锄把子的农民生产出高压容器附件，成为村里的支柱产业。昔日闭塞、落后穷困的挂甲峪村开始走上兴旺之路，乡亲们看到了幸福生活的希望。

建成全市山区第一条村级柏油公路。要想富，先修路。过去村里通往山外只有一条羊肠小路，1958年虽修起一条三米宽的土石路，逢雨季，泥泞难行。从1987年10月开始，我发动全村人捐款，在县公路局支持下，经过三年的不懈努力，建成了长达3千米、宽10米的全市山区第一条村级柏油公路，彻底改变了全村的交通状况，为挂甲峪村的社会经济发展奠定了基础。

实施山区综合开发水利富民工程。1997年3月，是我回村任职第十个年头，平谷县被国务院列入全国山区综合开发示范县。抓住这个千载难逢的好契机，我带领全村人发扬自力更生、艰苦奋斗，以愚公移山的意志进行山区开发，确定了挂甲峪村"山、水、林、田、路综合治理；顶、坡、沟立体开发；高标准规划设计；一次成型到位"的指导原则与建设要求，坚持走生态经济型、可持续发展的山区致富之路，规划实施了"五上山工程"，即道路筑上山；水利修上山；优质大桃栽上山；再生能源建上山；科技文化跟上山，初步实现了"人均百米路，人均'双百树'，一户一个'小水库'，人均增加三亩水浇园，一户一名农业技术员，人均收入超万元"的目标。经过几年的艰苦奋战，村修通了长达 35 千米的水泥环山路（今延长至40 千米）和"五瀑、十潭、两湖"景观，营造用材林 1500 亩，封山育林 1100 亩，营造经济林 800 亩，闸沟垫地 160 亩，建塘坝 2 座，300 立方米以上的大水池 10 座，小水池 182 座，衬砌水渠 4 处计3000 米，修建排洪渠 2 条 300 米，打井 8 眼，新建扬水站 4 处，累计坡改梯田 500 亩，发展水浇地 500 亩，实施节水工程 550 亩，实现大气水和地下水的良性循环，被国家水利部命名为全国水土保持十百千示范工程。在山区生态综合开发、水利富民工程实施取得显著效果后，从 2000 年开始，我们利用再生有机能源，在果园安装光能频振式杀虫灯，为生产生态型无公害果品提供了保障。同时，依托 8000亩山场自然景观的优势条件和大桃种植业的良好基础，在原来"五上山"工程的基础上，又规划实施了新的"五上山"工程。即电信网络布上山，文体项目建上山，有机果品种上山，旅游游客玩上山，生态别墅建上山。新"五上山"工程的实施，彻底改变了挂甲峪村贫穷落后的面貌，成为京郊山区综合开发建设的一面旗帜。

率先实行股份制改革。为了壮大发展集体经济，让村民生活得更好，像城里人一样上班和生活。2001 年，我顶着压力、冒着风险，大胆探索农村土地流转和集体资产产权制度改革，在稳定土地家庭承包基础上实行股份合作制，走可持续发展之路，进行土地使用集约化、资源占有股份化、经营管理公司化、分配方式股份化、产业发展规模化、发展决策民主化、综合发展科学化、生产生活环保化、居住条件别墅化和生活水平小康化"十化"工程探索，初步形成了"土地变股权、农民变股东、有地不种地、按效益分红，走共同致富之路"的新型劳动分配方式，出现了"十大变化"，即产区变景区、劳动变运动、外销变内销、产品变礼品、农民变股东、分居变团居、落后变先进、贫穷变富裕、愚昧变文明、精神变物质。经过十几年的健康有效运转，现在的挂甲峪环境优美、生态文明、景色宜人、交通顺畅，经济持续发展，村民生活宽裕，做到了"山山环绕致富路，坡坡栽满摇钱树，五业并举齐发展，再生能源综合利用，农民住上生态小别墅"，成为现代、文明、富足的社会主义新农村。

改造旧民居，老百姓住上别墅式生态新民居。生态别墅建上山，是挂甲峪村新"五上山"规划中的一项。2004 年，挂甲峪村被确定为平谷区新农村建设试点村，2005 年又被确定为北京市 13 个新农村建设试点村之一。到 2011 年底前，除 11 户未入股的村民外全部搬入别墅时新民居，村民居住条件得到了彻底改善。村内铺设污水处理管道，对全村污水的排放进行集中处理，节约了珍贵的水资源。村民住进漂亮的新民居，家家搞起了民俗接待旅游，成为乡亲们重要的经济收入来源。需要特别说明的是，村建设新民居没有占用一分耕地，全部依山而建，节约耕地 110 多亩，为此受到了国土资源部的表扬，同时也对平谷－区创建国土资源节约集约模范县（区）起到了一定的促进作用。

环保节能用上新能源。坚持绿色环保生态理念，走可持续发展之路，新民居全部采用太阳能设施，农户取暖煤改电，做饭用（生物）质气和天然气，点灯取暖用太阳（能），每户年均节约开支6000 元以上。太阳能的利用，给村民带来了实实在在的好处。整栋别墅冬天不烧煤，室内温度保持在 12 ~ 20 摄氏度。一年四季用热水，天天能洗热水澡。此外，全村 350 多盏路灯均为太阳能路灯，包括庭院里的庭院灯、草坪灯，全村所有果园里的杀虫灯，全部使用太阳能。

把旅游建成支柱产业。山区综合开发、水利富民工程的实施，改变了村容面貌，为发展旅游奠定了基础。2001年，村里成立了天甲旅游开发有限公司，2012年5月18日以集体经济为依托，成立了由天甲工业公司、天甲旅游公司、天甲农林公司、天甲物业管理公司和天甲富民股份公司等子公司组成的北京市天甲旅游开发集团，通过集团化运行机制，有计划地建设旅游基础设施。在国家拨付的专款未到位情况下，不等不靠，多方筹措资金在山间果林中建成了老君山、五瀑十潭和民俗大舞台、民俗大饭厅、旋转餐厅、生态小木屋等多处旅游基础设施，以及龙王庙、卧佛和观音像等人文景点，建成了集餐饮、住宿、娱乐、休闲、观光为一体的挂甲峪山庄度假村，成了吸引城里人的金字招牌。旅游与农林、村企业并驾齐驱，成为挂甲峪村的三大经济支柱之一。逢节假日，游人络绎不绝。漫步在平坦的山间路上，呼吸着山间清新空气，听着虫鸣鸟啼之声，或登上村南巍峨耸立的最高峰——老君顶举目眺望，壮丽的"五瀑、十潭、两湖"，掩映在绿树丛中的生态小木屋，以及遍布在青山绿水中的六郎景区、佛山园、攀天谷、火山瀑布、鸡冠石、石人山、桃醉谷、十洞探宝、龙王庙、西山观景台、长寿山等自然景观尽收眼底。尤为矗立在村南高岗上的旋转餐厅与手机信号发射塔融为一体，更成为全村的标志性景观。几年前，国家旅游局专家来视察，称赞这里是"北京的新大寨，京东的大绿谷，天然的大氧吧，休闲的好去处。来这里，尝鲜果，品美食，住农居，养心、洗肺又清脑"。2011年7月29日，由农业部主办的"2011中国最有魅力休闲乡村"评选活动拉开序幕，挂甲峪村作为北京市3个代表村之一参评。经过公众投票评选、专家评审、网上公示和认定五个环节，挂甲峪村被评为北京市唯一一个国家级最有魅力休闲乡村。

开发建成火山温泉。挂甲峪村南有明显的火山遗迹。经专家勘察论证，该区域内地下岩层极可能有储量丰厚的地热水层。2012 年开始，我们请专业的地质工程勘察队伍施工，经过两年多的开发建设，打出了北京市第一眼终孔深度 2272 米、日出水量 1200 立方米的自冒温泉地热井。经检测，地热井的水温为 70 度，出水口温度 52 度，水中含有氟、铁、锰、锂、锶、偏硅酸、偏硼酸和微量元素等多种有益矿物质，尤其是富含防癌抗癌的硒元素和预防"三高"的锶元素，其水量、水温和水质均达到了开发温泉项目的标准。本着"开发、利用、保护"的原则，现已建成一期温泉设施，即在长寿山上的桃园里建成的游客春赏桃花、秋可摘桃的五朵金花潭桃花源温泉和三个温泉洗浴区；在火山遗址建成的 12 生肖潭露天沐浴温泉；利用旧民居建成的伍福街家庭式四合院室内温泉。这三处温泉已开始接待游人。目前，二期温泉设施正在规划之中，计划再开发三个温泉区域。此外，村里还将对温泉水通过环保设施进行循环处理保护再利用，可用于冬季生活取暖和温室种植。

实现无线网络全覆盖。目前，此项工程已经完成，让游客享受无线上网的便利。同时，我们与盖网公司合作，建成了全国首个盖网覆盖村。盖网是一家全球领先技术应用企业，其利用互联网、云计算、互动媒体终端技术、采用电子商务平台模式所研发创新的盖网平台是 O2O 新模式。现已安装 5 台"盖网通智能互动媒体服务终端机"，消费者在挂甲峪可以运用手机通过盖网实时消费体验。

建成首都大中小学生社会实践活动教育基地。2014 年，挂甲峪村被北京市教委批准为第四批"北京市中小学生社会大课堂资源单位"和"利用社会资源丰富中小学校外实践活动"资源单位；2015 年，挂甲峪村所属的北京市天甲旅游开发集团和北京挂甲峪酒业有限公司两个单位被市教委评选为"初中开放性科学实践活动"资源单位，同年被平谷区教委定为全区中小学生教育基地和社会实践课堂，为学生课外实践活动提供基地和学习平台，每年接待参加校外实践活动的市、区中小学生5000多名。

（二）始终把改善民生、提高村民生活水平摆在重要位置

进行各项建设，落实国家各项福利政策，力所能及地为群众办好事、办实事，帮助群众解决实际困难。

一是重视教育，改善办学条件。1996年，村里把多方筹集用于建设村委会办公用房的8万元钱翻建了小学校。后来，全区调整学校规模和布局，村小学校撤并到大华山中心校，村里专门安排一辆面包车每天接送学生。几年来，村里对考上专科以上学校的独生子女都给予奖励，2012年增加到考上大学的每名学生。在成年人教育培训上，2003年办起了全区第一个农民中专班，38名学员在家门口接受正规的学历教育；组织民俗旅游接待方面知识技能的培训，及有奖赛等，使从事民俗旅游接待的农户提高厨艺和接待礼仪，促进全村民俗旅游的发展。

二是对未搬入新民居村民一视同仁。从2005年开始，村里分三期建设新民居，凡参与入股的农户优先选房。但有11户坚持不入股或嫌贵不愿买。对这11户村民，村里没有撒手不管，尽力解决他们生产和生活中的各种困难。过去，由于地势高度不一，部分村民只能靠修建的小水窖蓄水吃。新民居建成后，村里统一规划了供水管网，未搬迁户仍采用水窖蓄水，村里安排专人供水，每吨按3元收费，从2011年起将水费用降低，按每吨2元收费。为了让未搬迁的村民同样吃上自来水，村里自筹资金将自来水接通到未搬迁户。

三是用好用足各项社会保障政策。近几年，党和政府制定并实施了一系列社会保障制度，我注意做到上级布置的坚决办，上级号召的积极办，上级没布置但村民需要的想法办，让村民乐享社会保障带来的福利。如参加农村新型合作医疗保险，办理农民养老保险，村里都

安排专人组织办理，按规定的最高限额给予补贴。

四是大兴尊老敬老之风，全村老年人乐享幸福晚年。早在 1993 年，村里就为老年人提供免费早餐，每到重阳节、春节给老年人过节；每年为老年人发放生活补助，由最初的 30 元、100 元逐渐提高到 800 元、1000 元；建立老年协会，维护老年人合法权益；村里设有老年人活动场所，方便老年人打牌、下棋等活动，全村尊老敬老蔚然成风。

五是关爱妇女儿童和残疾人。村里每年都组织妇女健康知识讲座、免费体检等活动，促进妇女身心健康；开展技能培训，使全村适龄妇女都掌握一两门实用技术；妥善安排残疾人就业，根据个人情况因人设岗，使有劳动能力的残疾人都得到了妥善安置。同时，参照"全国文明村"的评定指标，推动了乡风文明，全村男女老少精神面貌焕然一新。

（三）以村民为主体，狠抓文明创建

一是加强文化建设，充实村民精神文化生活。2002 年，村里成立了挂甲山庄青年艺术团，利用文艺这种形式，宣传教育群众；2003 年，村里又建了大舞台，让群众家门口看大戏；2004 年接通有线电视光缆，建成无线通信转播塔，无线通信信号覆盖全村；争取区文委、区图书馆支持，在民俗旅游户建立图书专柜，每户配备 200 多册各类图书，方便客人阅读，增加民俗旅游接待户的文化氛围；选派专人学习新秧歌、交谊舞，丰富村民的娱乐健身活动，住宿的游客也纷纷加入其中。2011 年 10 月，挂甲峪村被评为北京市首批"文化示范村"。

二是狠抓文明创建，村民是主体。

开展十星级文明户评选活动。宣传村里尊老敬老、环境卫生、子女教育等方面的典型。开展城乡共建活动，几年来先后与东城区地税

局、北新桥街道等单位结成城乡共建对子，与北京林业大学建立友好合作关系，与对外经济贸易大学建立了现代远程教育基地；组织高水平的村民继续深造；抓好环境建设，2002年村里开展了较为彻底的清理违章建筑活动；新民居建设完成后，建立了环境卫生管理制度，对垃圾处理、车辆停放、宠物饲养等作出明确规定，安排专人负责小区的垃圾清运、道路保洁等，全村环境建设一直保持较好水平；抓好社会治安综合治理，社会安定，村民安居乐业，未发生任何刑事案件和治安案件，自2001年以来连续被评为首都文明村。2016年9月19日，我们召开全村精神文明建设大会，总结回顾近些年来特别是党的十八大以来全村以精神文明建设促进经济发展的成果与经验，表彰在精神文明建设中涌现出的各方面先进个人，修改并制定了《挂甲峪村村规民约》，进一步加强和促进精神文明建设，树立正气，传播正能量，调动一切积极因素，为更好地强村富民奠定坚实的思想基础。

三是建成挂甲峪乡情村史陈列室。村史是农村历史发展的缩影，也是爱国主义教育的课堂。2014年，在区文明办等单位支持帮助下，挂甲峪村建成了面积为1000平方米的乡情村史陈列室，对外展出。陈列室采用灯箱式分为两个展区，第一展区为历史传承篇，第二展区为创业奋斗篇，自2014年对外展出以来，已成为外界了解挂甲峪村的一张亮丽名片。

辉煌与荣耀

在党的富民政策指引下，在上级党委的正确领导和各有关部门、社会各界人士的大力支持帮助下，挂甲峪村经过30年的不懈努力，各项事业大发展，村集体资产由2001年的1000万元增长到现在的2亿多元，人们的生活水平由30年前的人均年收入不足300元增长到现在的 3 万多元，30 年增长了 100 多倍，受到了中央、北京市和区镇领导的高度重视。近年来，从中央到地方，先后有多名领导和社会各界人士到挂甲峪村视察、指导工作，给予挂甲峪人民以巨大的鼓舞和鞭策。

2009 年 3 月 25 日，习近平总书记时任中共中央政治局常委、中央书记处书记、国家副主席到北京调研时召开基层党建工作座谈会，我有幸参加座谈会，并在会上发言。习近平总书记对我村坚持不懈抓党建、带领群众走共同致富道路的做法给予了充分肯定和鼓励。

2005 年 5 月 29 日，江泽民同志到挂甲峪村视察，欣然挥毫题写"挂甲峪山庄"。

2004 年 10 月 2 日，胡锦涛总书记来到北京市，专程看望广大基层干部，并与基层干部代表进行座谈。我作为京郊村党支部书记代表受到了胡锦涛总书记亲切接见。

2004 年 4 月 29 日和 2008 年 10 月 16 日，时任北京市委书记刘淇先后两次到平谷调研，都到挂甲峪村视察。他满意地说，你们坚持能源消耗少、环境污染小的原则，走了一条可持续发展的道路，要好好总结经验，充分利用现有优势资源，实现山区农民增收。挂甲峪村的发展，是北京农村的一个榜样。农村要发展，关键要有个好支部。有了党的好政策，再有一个好的发展思路，京郊农村大有可为。

2004 年 8 月 13 日，北京市委副书记、市长王岐山到平谷区调研时来到挂甲峪村，视察山区综合开发小流域治理现状，了解农民依靠山区林果资源增收致富情况。2007 年 11 月 10 日，王岐山市长到平谷区调研新农村建设，王岐山市长对我说："我已经在电视上看到你们村的变化了。你是山区农民致富的好带头人。如果能有千儿八百像你这样的带头人，北京山区的建设步伐将会大大加快。"

北京市委和市政府总结挂甲峪经验两条：一是挂甲峪村，30 年由穷变富，"关键要有个好支部。有了党的好政策，再有一个好的发展思路，京郊农村大有可为。"二是挂甲峪是依靠"山区综合开发小流域治理，农民依靠山区林果资源增收致富"。挂甲峪党支部书记张朝起"是山区农民致富的好带头人。"

全国政协常委、著名经济学家厉以宁对我村的股份制改革给予高度评价，称之为"北方山区建设社会主义新农村的模式"。

2014年2月18日，中国国民党荣誉主席连战一行来到挂甲峪村，参观了解北京新农村建设，并为挂甲峪村题词："一弦一柱，锦绣年华。"

宣传媒体更是给予挂甲峪村极大的关注。新闻媒体中，既有首都各大宣传媒体，也有美国、法国、日本、韩国等境外媒体。

（1）最早宣传挂甲峪村的是1998年3月21日的《北京日报》，发表通讯《挂甲峪人开山》，报道挂甲峪村人治山治水，改变家乡面貌的事迹。

（2）2005年4月3日，《人民日报》以"小山村飞出领头雁"为题，报道了张朝起带领群众改变山乡面貌的事迹。

（3）2007年，中央电视台在《新闻联播》节目里先后两次对挂甲峪村生态环保节能情况进行报道。

（4）2008年《挂甲峪——社会主义新农村建设的缩影》一文入选国家统计局纪念改革开放三十周年专集。

（5）2009年，北京市新农村建设领导小组专家组撰写文章《走持续发展山区致富之路，建绿色环保产业旅游新村——关于平谷区大华山镇挂甲峪村推进社会主义新农村建设调查》。

（6）2016年5月，《求是》杂志内参部记者撰写长篇内参文章《沧桑巨变巍巍党魂——北京市平谷区挂甲峪村小康之路给我们的启示》报送中央。挂甲峪这个名不见经传的小山村享誉全国，名扬世界。

1987年以来，挂甲峪村先后荣获平谷区山区建设样板村和新农村建设先进村、北京市山区水利富民先进村、北京郊区生态文明村、北京最美乡村、首都文明村、全国文明村，以及国家级水土保持生态环境建设示范小流域、中国名村影响力 300 强和中国最有魅力休闲乡村等近百项国家级、市区级先进称号。张朝起于 2005 年被评选为全国和北京市劳动模范，2006 年和 2008 年分别当选为平谷区和北京市人大代表，1996～2003 年连续 8 年被评选为平谷区优秀政协委员，并多次被评选为市、区优秀共产党员和优秀党务工作者，2009 年被评为北京市廉政之星。

经验与体会

回村任职 30 年，我可以自豪地说，我没有辜负上级党组织对我的信任，没有辜负全村父老乡亲的期望。

回顾 30 年来自己所走过的不平凡的历程，我有以下几点经验与体会：

一，坚定理想信念，坚守共产党人的精神追求，才能经受得住任何考验，成就一番事业。

二，坚定不移贯彻执行上级党委政府的方针政策，是挂甲峪村取得发展的根本。

三，广泛争取社会各界的支持帮助，就能收到事半功倍的效果。

四，加强干群团结，充分保障村民的民主权利，是挂甲峪村加快发展的重要法宝。

五，始终不渝坚持抓好班子建设，切实提高执政履职能力，是挂甲峪取得发展的重要保证。

六，不折不扣贯彻执行廉洁自律规定，坚决防止腐败现象发生，是挂甲峪取得发展的不竭动力。

七，要想干出一番事业，必须树立立党为公，执政为民的理念，要有勇于奉献的精神。

未来与担当

风雨多经人不老，关山初度路尤长。我今年 66 岁，虽经历过许多的艰难挫折，以后还会遇到很多的艰难险阻，但我壮心不已，雄心犹在。在习近平总书记"不忘初心、继续前进"的号召下，在各级领导的关心、帮助、支持下，我要以更加饱满的精神和坚定的理想信念继续为家乡建设贡献力量，把挂甲峪村建设得更好！

2017 年 3 月 9 日，在我回村任职 30 年之际，挂甲峪村党支部按照区委继续深化"两学一做"学习教育和在全区开展"勇于担当"主题实践活动要求，举办"不忘初心·勇于担当·继续发展"研讨会，回顾我回村任职 30 年来挂甲峪村发生的巨大变化，就挂甲峪村今后持续发展问题请专家学者、区内老领导和全村广大党员、村民代表建言献策，发表看法和建议，提出希望和要求。

根据大家的意见和建议，挂甲峪村确定今后几年的发展总体思路是：按照区委、区政府关于"打造京津冀协同发展桥头堡、建设北京城市副中心后花园"战略发展定位，依托现有旅游资源优势，积极争取国家旅游局、市旅游委和区委区政府及区有关部门的支持帮助，不断增加旅游基础设施投入，充分发挥自然资源优势，进行村域资源整合与综合利用，创新集成式旅游新格局，打造以"大旅游、大文化、大花园、大果园、大公园、大乐园、大温泉、大溶洞、大漂流和中小学教育大课堂"为特色的生态养生旅游产业和十大旅游休闲园区，将挂甲峪村建设成北京国际生态文化长寿度假村，实现挂甲峪村新的跨越式发展，争取到 2019 年实现全村人均收入 10 万元，同时辐射和带动周边地区共同发展，促进旅游产业转型升级，由观光型向休闲型转变。

一，对全村今后持续发展进行全面规划和顶层设计。在区委、区政府高度重视下，邀请区规划局结合挂甲峪村发展现状，就建设北京国际生态文化长寿度假村进行全面规划设计。

二，全面打造京郊首个通过专家评审的"富硒村"。从2016年年初开始，我们邀请中国冶金地质总局地球物理勘查院对我村的土壤（风化壳）进行监测和检验。经过专家们近一年的样品采集、化验分析和研究，大量数据表明，挂甲峪村大部地区处于原生态自然环境，挂甲峪村的土壤富硒含量均值高于国家标准值16.4个百分点，部分地区高于国家标准值1.9倍。没有重金属污染，于2016年年底通过来自中国科学院地质与地球物理研究所和地球科学与资源所、中国冶金地质总局地球物理勘查院、中国地质环境监测院、中矿联地热专业委员会、中国地质大学和北京市水文地质工程地质大队、北京市地质勘测技术院等科研单位的评审，专家对项目取得的调查成果给予了高度评价，将该项目质量评定为"优秀"。根据专家们的建议，挂甲峪村将利用"富硒村"这一金字招牌，大力发展富硒水果、富硒饮品和富硒温泉等项目，为旅游富民培育新的经济增长点。

三，实施开发溶河工程。经专家勘探，挂甲峪村南长寿山下有一个18亿年的古溶洞，洞内分为上、下两层，东西狭长，南北宽阔，洞顶离地表最近处仅10米左右，开发难度小，开发价值大。在溶洞旁边还有一条浅层地下暗河，开发出来后也可做地上漂流项目，此两项我们称之为"溶河工程"，一旦开发出来，将配合火山富硒温泉形成"温泉休闲、溶洞旅游"的新格局，成为挂甲峪景区的新特色和大亮点。目前，我们正在做立项等前期开发准备工作，使其工程尽早动工。

四，吸引人流，聚拢人气，以众筹方式聘请万名荣誉村民。挂甲峪村的旅游资源不仅属于挂甲峪村村民，也应该让所有关心、喜爱挂甲峪的人共享。为提升旅游管理水平，实现旅游管理现代化，同时缓解发展旅游资金困难问题，吸引各类专业技术和管理人才来挂甲峪施展才华、建功立业，我们拟定以入资1万元为起点（数额不限），以自愿为原则聘请万名荣誉村民加盟挂甲峪，既享有"荣誉村民"称号，又可享受旅游餐饮住宿六四折等优惠条件的回报。此项工作我们正着手进行。

使命重在担当，实干铸就辉煌。在上级党委的正确领导和各有关部门、社会各界人士的大力支持帮助下，挂甲峪人一定会站在新的发展起点上，以时不我待的紧迫感、舍我其谁的责任感，撸起袖子加油干，不忘初心，砥砺前行，奋发有为，勇于担当，为实现中华民族伟大复兴的"中国梦"和挂甲峪更加美好的蓝图继续奋斗，以优异的成绩迎接党的十九大胜利召开！

挂甲峪村航拍图（耿大鹏 摄）

**2017 年 3 月 9 日挂甲峪村举行《不忘初心、
勇于担当、继续发展》座谈会**

挂甲峪村太阳能村路

挂甲峪村远眺

秋染挂甲峪

山村太阳能全覆盖

小山村宛如不夜城

张朝起与村民在一起观察温室大桃生长情况

Abstract

Annual Report on China's the Urban-rural Integration (2016 – 17) studies " the 13th five-year plan for national economic and social development" of provinces, municipalities and counties according to the "The 13th Five-Year Plan For Economic And Social Development Of The People's Republic Of China" (hereinafter referred to as "The 13th Five-Year Plan"), and synthesized its gist.

1. Two-wheel drive with the household registration reform and winning the battle of poverty alleviation.

The year 2020 is the time node of completing the building of awell-off society in all respects. The two-wheel drive with improving the urbanization rate of the registered population and winning the battle of poverty alleviation is an important way of urbanization and urban-rural integration. Urbanization planning gives guidance to healthy urbanization development.

(1) The goal set by the central government that settling about 100 million population in cities and towns will be fulfilled by increasing implementation efforts of household registration system reform and accelerating improvement of the related supporting policies. In order to achieve the urbanization rate goal of household registered population, different places have adopted many initiatives. As a big province in the East, Shandong province plans to achieve 10 million agricultural migration population settled in towns in "The 13th Five-Year Plan" period. Different places explore the implementation of residence permit system to improve and promote the mechanism for citizenship of agricultural migration

population.

(2) Ex-situ resettlement is an important measure of poverty alleviation, and it is also an important means to optimize village layout and to promote integrally new countryside construction. There will be about 10 million impoverished population for the areas that "a side of water and soil can't raise a side people" implement ex-situ resettlement. These areas are mainly ecological core areas, water source protection areas, poor living conditions, fragile ecological environment, frequent natural disasters and other areas. The provincial plan proposed relocation plan and main approaches. The relocation goal of a total of 9 million 416 thousand people was planned in 17 provinces, and alleviation Road, poverty alleviation Park, tourism and other series were also proposed.

2. Cultivating small and mid-sized cities and characteristic towns

"The 13th Five-Year Plan" indicates that the development of small and mid-sized cities lags behind, medium sized cities that each has 200 ~ 500 thousand people account for more than 18%, cities each has below 200 thousand people account for less than 18%. The number of small and mid-sized cities is nothing much, population size structure of citiesis seriously unreasonable. Focusing on the main direction of city size structures nationwide, "The 13th Five-Year Plan" puts forward "Aiming to improve quality and quantity, speeding up building of small and mid-sized cities and characteristic towns", and "to upgrade some qualified county towns and key towns into small and mid-sized cities". A number of provinces have started small city develop pilots, among them, Zhejiang province carries out about 50 small city pilots, Shandong province plans to cultivate about 20 small and mid-sized cities. The Ministry of Housing and Urban-Rural Development of People's Republic of China (MOHURD), National Development and Reform Commission and Ministry of Finance of the People's Republic of China made joint decisions on initiative of developing characteristic town in the whole country. During "The 13th

Five-Year Plan" period, about 1000 characteristic towns with distinctive and dynamic will get incentives, to play a leading and driving role for the construction of small towns nationwide.

That can be summarized as the direction of developing small and mid-sized cities and characteristic towns. To develop characteristic towns is of complete functions with public affairs management, organizational structure, legal subject qualification and financial resources allocation, it is one of the strategic themes of the new urbanization planning.

3. Elevating the level of sustainable urban development

Newphase, new trend and new approach. We should carry out the "ideas of innovation, coordination, green, open and sharing" by the central government. In the context of the new normal of economy, the city development mode will change from scale expansion to connotative quality, and will pay attention to the development of people foremost, optimized layout, ecological civilization and inheriting culture. Under the guidance of the scientific concept of development, carry on cleaner production, green consumption, industrial structure adjustment and upgrading, ecological civilization construction and green and low-carbon development. We should fully integrate the philosophy of ecological civilization into the process of urbanization, promote green development, circular development, low carbon development, economical and intensive development, land saving, water saving, energy saving, material saving, waste recycling, and comprehensive utilization of resources. We should focus on the construction and management of the ecological function zones of rivers and lakes, and improve the urban environmental protection facilities and management systems and measures, so as to build a sustainable urban operation model. In the next five years, Zhejiang province will build up about 100 characteristic towns with strong industrial support, high-end talent gathering, unique cultural connotation and tourism function to an advanced standard. It is targeting trillions of big industries, combined the historical classic industry, adhere to "four in one" of industry, culture, tourism and community functions, to realize the integration development of production, life and ecology.

Since reform and opening-up, China has experienced the largest and fastest urbanization process in the world history. The development of the city surge high and sweep forward, has made remarkable achievements. Urbanization has led to the development of the whole economy and society, and urban construction has become a powerful engine of modernization.

City is the center of our country's economic, political, cultural and social activities, and rural area is of significant position and role in the overall development of the whole country.

However, from the investigation of the development and construction in cities across China in recent years, also found that due to the rapid development of city construction, the various original supporting theories about urban development and construction, technical standard systems, system mechanisms of design and management have some insurmountable contradictions when explaining and analyzing the on-going logics of urban developmentand supporting the actual designs or managing the urban development and construction, they are difficult to reflect to and adapt to the new situation of rapid development of economy and society in urban and rural areas in China.

The Central Committee of the Communist Party of China looks far aheadand aims high. Interrupted by 37 years, in December 20, 2015, the central urban work conference was held in Beijing and emphatically put forward to respect nature law of urban development, by coordinating the three major structures of space, scale and Industry, to improve the overall situation of urban work; by coordinating the three key parts of planning, construction and management, to improve the systematic of urban work; by coordinating the three large driving forces of reform, science and technology, culture, to improve sustainability of urban development; by coordinating the three major layouts of production, life and ecology, to improve the livability of urban development; by coordinating the three main bodies of government, society and citizen, to increase the enthusiasms of all parties in promoting urban development; basing on systematic thinking and other guiding ideology to carry out urban work, and calling on the national urban development fronts to focus on innovation at both ends of "construction" and "management", change the mode of urban development, improve the urban governance system, increase urban governance capability, solve outstanding problems such as big city malaise.

'Blue Book of Urban-rural Integration: "Annual Report on China's Urban-rural Integration Development" as one of the important members of the blue book series of Chinese Academy of Social Sciences, responds positively to the call of the fourth urban work conference held by the Party Central Committee, actively contact and organize experts and scholars in the planning, construction, management, education, scientific research and other departments across the country to make theoretical innovations in the respects of city planning, construction management and others, and summarize the practices of urban development and construction. The study results for theoretical researches and work practice summaries are more fruitful in the Annual Report on China's urban-rural integration development. Professor Wanchun Deng of the School of Politics and Administration of Wuhan University of Technology has made a profound summary of the features and characteristics of urban-rural integration in Hubei Province at various stages. Dr. Yi Liang of the Institute of Geographic Sciences and Natural Resources Research of the Chinese Academy of Sciences has combed the evolution courses of governance system for poverty alleviation development in our country, and put forward corresponding countermeasures and proposed suggestions to the problems existing in the construction of the governance systems for poverty alleviation development at present. Zhimin Ann, an associate professor of Guizhou provincial Party School and Guizhou Administrative College, took Yina town in Guizhou province as an example, also made a wonderful experiences sharing for the works of targeted poverty alleviation. Associate Research Fellow Qian Lee of the Urban-rural Planning Management Center of MOHURD took Guiyang city as an example, analyzed and summarized four serious problems faced during the new urbanization process in the underdeveloped mountainous regions in Western China, and put forward her own ideas and opinions from seven aspects of construction of city-town cluster, industrial development, small town construction and ecological protection etc.. In addition, Research fellow Zheng Dou made a systematic analysis for the current situations and problems of the beautiful countryside construction in Shaanxi province, and put forward some specific, targeted opinions; Jinjiang Yang, Vice Principal of Huangdao District Party School, Qingdao City, Shandong Province, took the Zangnan town, Huangdao District as an example, introduced the advanced experiences during developing characteristic towns and promoting new urbanization construction in Jiaodong region, Shandong province; The three young planners, Jie Shang, Cong Ji from Pan-China Group, Yuanqiang Duan from Institute of Modern Urban-Rural Development Planning, took Lankao County, Henan province as an example, from the angles of planning, compiling and researching, systematically discussed the necessity of the top-level designs based on the ancillary policymaking support requirements for the development of urban-rural construction in counties; At the same time, Yuanqiang Duan and Jie Shang, who both are city planners living in Beijing based on their daily life experiences as the source materials, proposed the main radical measures from the angles of planning, industries, land use, allocation of public services, distribution of real estate prices, systematically analyzed the main sources of resulting in metropolitan malaise in Beijing, for various systems of radical cure to metropolitan malaise, put forward the necessity and basic ideas of top-level system design schemes, giving city management group a reference to policy decision. Associate Research Fellow Chengshan Chu of Tianjin Academy of Social Sciences with Associate Research Fellow Hongbo Chen of China

Academy of Social Sciences made an excellent analysis and summary to the implementation paths and practices of photovoltaic poverty alleviation in Jinzhai County, Anhui province.

In general, these papers published in the book perfectly reflects summary of present situations, analysis of problem and exploration of theory of the development and construction of various cities by varied job personnel throughout the country. It provides a lot of useful supplement for the theoretical exploration of the urban-rural planning and construction management in our country, at the same time, it also provides a lot of useful theoretical support and reference for the decision-makings for urban development and construction under the leadership of government at all levels, and for the planning compilation of urban-rural development and construction project. This report also emphatically introduces an investigation report about sustainable photovoltaic poverty alleviation and the successful experiences in various regions.

4. This report "freelance writing":

Pinggu district GuaJia valley village and Dongpeng village are the outer suburbs atBeijing the international metropolis, which is the one of China's urban-rural integration development in megacities type. Those two villages are all make rural urbanization, industrial scale, agricultural modernization, and land gardenization already implemented.

Also the environmental protection, cultural inheritance and social development are deeply mix with urban planning.

In the context of economic globalization, the regional function of interaction between urban and rural areas, the international service, integrity service, recreation and sports activities, talented people, are get the unprecedented development.

Contents

I General Summary

Abstract: Advancing urban-rural integration is a systematic engineering and long-term tasks. Nowadays, urban-rural integration is facing a lot of problems in China, such as urbanization rate in terms of household registration population is obviously relatively low, small-medium cities are underdeveloped, towns in counties have weak ability to drive rural development, the hollowing-out of villages is becoming a serious problem, spatial distribution of villages needs to be improved, level of urban-rural integration in poor area is especially low and off-side relocation of rural residents is very difficult. Therefore, enhancing urbanization rate in terms of household registration population and alleviating poverty are very important missions, and taking the two missions as two-wheel driving force is an important new road to urban-rural integration in the new period. Reforming the residential system, fostering small-medium cities, constructing towns with characteristics and off-site relocating poor residents are new measures for urban-rural integration in 13th five planning period.

Keywords: 13th Five-Year planning; Urban-rural Integration; Road

Ⅱ   Theoretical Features

B. 2   Analysis on Urban-rural Integration Course in Hubei Provice

Wanchun Deng / 018

Abstract: Since the 16th national congress of the communist party of China, the process of urban-rural integration of Hubei province has obviously presented stage characteristics. From 2002 to 2006, the first stage was characterized with balancing urban and rural development; The second phase from 2007 to 2010, was beginning to enhance urban-rural integration, through the pilot projects of urban-rural integration within Hubei province; the third stage from 2011 to 2015 was comprehensively pushing urban-rural integration ahead in whole province and developed the strategies for it; in the fourth stage since 2016, urban-rural integration has deepened and improved a lot in Hubei province.

Keywords: Hubei province; Urban-rural Integration; Process

B. 3   The Evolution Courses and Countermeasures of Governance System for Poverty Alleviation Development in China

Yi Liang / 031

Abstract: Poverty alleviation by developing projects as important people's livelihood projects, leaded by the government of China is an important and special component of the national governance system and management ability. In this paper, based on the basic connotation and denotation, the author analyses the evolutional process of governance system of poverty alleviation developing projects and proposes suggestions upon the current problems of constructing governance system of poverty alleviation by developing projects.

Keywords: Poverty Alleviation by Developing Projects; Governance System; Evolution; Improvement Strategy

B. 4　Study on Urbanizaion of Under-developed Mountain

　　　Area in the Southwest China　　　　　　*Qian Li* / 045

Abstract: This article from the current status of the new-type urbanization in China, analyzes the features of the new-type urbanization in western mountainous area, taking Guiyang city as an example, in-depth analyzes on the current situation of urbanization, Points out the problems of new-type urbanization in Guiyang city that absorption capacity of urbanization is relatively weak, urban land use efficiency needs to be improved, policy support system should be enhanced and green urbanization faces challenges. Finally, the strategies including the city cluster construction, industrial development, small city construction and ecological conservation are proposed.

Keywords: Western Underdeveloped Mountainous Area; New-type Urbanization; Industrial Development; Ecological Conservation

B. 5　How to Promot New Urbanization by Developing

　　　Characteristic Towns　　　　　　　*Jinjiang Yang* / 055

Abstract: Characteristic town as a model of new-type urbanization in China, is to achieve one of the effective ways to the ambitious goals of building a well-off society in an all-round way. A solid pace on new-type urbanization in Zhuhai has been taken, especially in building ecological characteristic towns for rural tourism through bold attempt, positive innovation, which has made gratifying achievements. It is suggested to actively implement "stressing development as well as social governance" in villages and towns, adhere to the principles of "unified planning, insisting features, step-by-step implementing", promote the construction of the rich, beautiful and strong villages, and construct the towns which are based on characteristic regional development, supported by characteristic industries and contained with characteristic rural culture.

Keywords: New-type Urbanization; Rural Tourism; Characteristic Towns

B. 6   Electical Bicycle and Rural Femal Employment Effect
        in County   *Qingfang Guo* / 062

Abstract: Electric bicycle is very popular in many rural areas in China, which facilitates the employment of rural female labor force in the county area. The findings show that electric bicycles have a significant positive impact on the increase of rural female labor force in the county. The rural female labor force at the level of county economic development, the relative factors of the rural county rural road outside the location, status and individual education effect on rural electric bicycle female employment in the county level function. The rural female labor force in the county employment increase will have a deep influence on many aspects of the female labor force of rural households, and the county economy, the need for appropriate policy measures and play a positive role in the rural female labor force employment of electric bicycle within the county.

Keywords: Electric Bicycle; Rural Female Labor Force; Employment; County Economy

III   Practical Features

B. 7   Top-level Design Idea and Method Under Sysmetic Thinking of County Development

Jie Shang, Yuanqiang Duan and Cong Ji / 075

Abstract: Based on the national situation, new-type urbanization is the inevitable stage of urbanization development in our country, which is one of the major strategic guiding economic and social development in our country. Under the background of new-type urbanization, the top-level design in promoting urban and rural development as a whole, the town development, urban and rural residents to live and work in peace and contentment, build ecological security pattern will bear responsibility. As an example, based on the lankao combining xi general secretary to the three requirements of county development, county put forward all kinds of planning based on the top of the design idea and method of set provides a theoretical support for the scientific decision of county development.

Keywords: Systematic Thinking; County Development; Top-level Design

B. 8   Four-look Methed—The Experience of Targeted Poverty Alleviation in Yina, Guizhou Province   *Zhimin An* / 097

Abstract: Guizhou YiNa precision "four eyes" method for poverty alleviation, from guizhou YiNa set out actually, implement the general secretary xi stressed the "in the poverty alleviation and development accurately, is accurate, the success or failure of is accurate" requirements, combining the successful experience of people out of poverty practice innovation and develop. Guizhou is the country except Tibet, gansu, xinjiang, the highest poverty rate of the province. Set of universal wisdom, we must stick to the policy of development-oriented, accurate for poverty alleviation, see the essence through the phenomena in the poverty alleviation and development work, to take "one house, two look at food, three strong labor force is not strong, four did look at home reading lang" four views, improve the poor identification mechanism, to ensure the accuracy of poverty alleviation.

Through improve the poor identification mechanism, effectively solved the problem of "who for poverty alleviation"; After four years of unremitting struggle, officials and the masses YiNa implementation project 5821. 09 billion yuan of investment. These achievements obtained, the key is YiNa town party committee and government combinative oneself is actual, fully mobilize the enthusiasm and initiative of the masses of the people out of poverty to get rich, created the precision for poverty alleviation in the poverty alleviation crucial practice "four" method, Poor implementation of dynamic management, adjust measures to local conditions, because of the household ShiCe, formed the precision for poverty alleviation "four" poor dynamic management index system, the index system is scientific and practical value, explored a new way of precision for poverty alleviation in poverty-stricken areas. Summing up the experience of its, beneficial to promote "accurate" for poverty alleviation work, has the theoretical and practical value.

Keywords: Ina of Guizhou Province; Poverty Alleviation; Method of "Four Eyes"

IV   Planning Features

B. 9   City Plan Theoretical Exploration on Functional Layout
Aiming at Curing Metropolitan Malaise

Yuanqiang Duan, *Jie Shang* / 111

Abstract: In this article, through systematic analysis on Beijing city center housing distribution, population distribution, job distribution characteristics, and further residential distribution characteristics and work distribution characteristics of overlay analysis, concluded the "big city disease" of the main origins of Beijing. And based on this problem oriented, radical "metropolitan malaise" is put forward, to realize the theme of Occupation and living balance development strategy, and put forward the implementation of Occupation and living balance matching strategy, expected to clear the metropolitan malaise has a certain reference significance.

Keywords: Metropolitan Malaise; Occupation and Living Balance; Theme Industry; Industrial Cluster Layout

B. 10   The Current Situation, Problem and Countermeasure of
Beautiful Countryside Construction in Shaanxi province

Zheng Dou, *Qian Li* / 121

Abstract: Shaanxi attaches great importance to the beautiful countryside construction, the characteristic industry development, infrastructure construction, protection of traditional features and planning achievements. There exist some problems in the construction of shaanxi province in the beautiful countryside, must, from the perspective of the planning guide, optimize the industrial structure, improve the quality of living environment, set up long-term management mechanism, promoting function improve, practical, beautiful rural construction characteristic.

Keywords: Shanxi Province; Beautiful Countryside Construction; New Villages; Characteristic Industry

V　Scientific Features

Abstract: This article introduces the national polices to promote poverty alleviation through photovoltaics, and importance of implementing the projects of photovoltaics in alleviating poverty. It systematically analyses the implementation of poverty alleviation through photovoltaics and good practices of Jinzhai county in Anhui province from the project types, determination of project entities, construction scale, fund raising, entities of operation and maintenance, allocation of project benefits and the effects in poverty alleviation.

Keywords: Poverty Alleviation Through Photovoltaics; Urban-rural Integration; Implementation Way

Abstract: Ruoqiang, in terms of area, is one of the largest counties in

China, which belongs to Bayingolin general Mongolian autonomous prefecture of Xinjiang autonomous region, located in eastern Tarim basin and northern Altun Mountains. Ruoqiang county is rich in red dates, and has very richnatural resources and magic humanity resoures. attracting outstanding youth to start entrepreneurship. This report describes the ruoqiang county CCP committee in 1995, based on the development scheme of "stability of grain, cotton, gardening, reengineering Ru aqiang", reclaimed land ten thousand mu. Bazhou localgovernment in 2007 puts forward the overall development goals of "one electric, two water, three land, four jujube" and work plan of "people moving downfrom mountains, leaving green plateau", constructs Tashishayi region as a new rural area.

Keywords: Gobi; Industry Chain; Circular Agriculture; Internal Principle

B. 13　Analysis On Energy Development Route Under Urban-rural
　　　　Coordination　　　　　　　　　　　　　　*Qingfang Guo* / 159

Abstract: Energy is an important area of urban and rural integration in china. As China's photovoltaic, wind, biomass and other new energy technology advances and industrialization, rural energy construction is full of new impetus and potential. Photovoltaic into the rural community is the vitality and prospects of rural energy construction content. Photovoltaic poverty alleviation is a combination of China's photovoltaic development and rural poverty alleviation, but it needs to be based on understanding rural conditions and respecting poor farmers.

Keywords: Rural Energy; New Energy; Photovoltaic Community; Poverty Alleviation

VI Special Column

Abstract: Xi general secretary pointed out that a kind of values to really play a role, must be integrated into the social life, make people perceive it, understand it in practice. In six years, liujia shop town party committee adhere to the cultivation and practice of socialist core values and the combination of agricultural development, combined with solving the problem of countryside, farmers' production and living, into the local custom civilization construction, in order to "good faith village, thick, fruit, happy people" as the guide, create activities build up "one gauge four line five golden key" good faith system construction, the party group, strong with the weak, created the party's style of belt CunFeng, CunFeng promote the party's style of a new situation of socialist new rural construction.

Abstract: Pinggu district liujiaDian SongPong village, the retired teacher JiaoShiLu in SongPong village "the village regulations" in the form of popular forms, men, women and children in the village people read at the meeting.

B. 16　In Order to Better Tomorrow　　　　*Shilu Jiao* / 176

Abstract: The villagers of the Songpong village in the form of "SanjuBan" are rapping the villagers cultural life rich and colorful.

B. 17　GuaJia Valley Village Pinggu District's Development
　　　　Chronicles（Part1）　　　*Yongming Li*, *Jingquan Sun* / 179

Abstract: Since 2014, China set up in 653 cities, including five megacities, megacities 6, 69 major cities, the combined total of 80 kinds of big cities. Metropolitan areas has become China's "take the lead in some economically developed areas to realize urban and rural integration" of the samples. The capital Beijing pinggu district has "the rural urbanization, industrial scale, the agricultural modernization, the garden". Gradually perfect the system of urban and rural development mechanism, reflected in the rural factor market city construction, the integration of urban and rural planning, infrastructure and public services; Agricultural modernization, safe and effective supply of agricultural products, agricultural products circulation system to perfect the modernized level. New rural scientific planning, construction as a whole, the development of social undertakings, has become farmers construction the homeland of a happy life.

B. 18　GuaJia Valley Village Pinggu District's Development
　　　　Chronicles（Part2）　　　*Yongming Li*, *Jingquan Sun* / 189

Abstract: Now Beijing Pinggu district gradually realize the agricultural modernization, rural urbanization, industrial scale, and the garden, urban and rural development as a whole.

In more than 30 years ago, the outer suburbs of Beijing pinggu district GuaJiaye valley was a poor mountainous area. In this paper, the author Zhang Chaoqi, Beijing pinggu district GuaJiayu valley village. 1974 villages and towns government driver. 1987 should be old in the village secretary mobilization, resign back to the village office GuaJiayu village party branch secretary, led the villagers out of poverty to get rich. For 30 years he is harding work: ; 1, the establishment of village enterprises; 2, built the first village roads; 3, mountain area comprehensive development of water conservancy and enriching engineering; 4, take the lead in share-holding system reform; 5, environmental protection and energy saving with the new energy; 6, make tourism pillar industry; 7 volcanic hot springs, were developed; 8 and realizing a complete coverage of the wireless network. 9, medium build capital students social practice education base. Lead the whole village people striving to improve work, successful. Can be for reference is of great significance.

权威报告·热点资讯·特色资源

皮书数据库
ANNUAL REPORT(YEARBOOK) DATABASE

当代中国与世界发展高端智库平台

所获荣誉

- 2016年，入选"国家'十三五'电子出版物出版规划骨干工程"
- 2015年，荣获"搜索中国正能量 点赞2015""创新中国科技创新奖"
- 2013年，荣获"中国出版政府奖·网络出版物奖"提名奖
- 连续多年荣获中国数字出版博览会"数字出版·优秀品牌"奖

成为会员

通过网址www.pishu.com.cn或使用手机扫描二维码进入皮书数据库网站，进行手机号码验证或邮箱验证即可成为皮书数据库会员（建议通过手机号码快速验证注册）。

会员福利

- 使用手机号码首次注册会员可直接获得100元体验金，不需充值即可购买和查看数据库内容（仅限使用手机号码快速注册）。
- 已注册用户购书后可免费获赠100元皮书数据库充值卡。刮开充值卡涂层获取充值密码，登录并进入"会员中心"—"在线充值"—"充值卡充值"，充值成功后即可购买和查看数据库内容。

卡号：977779632495

密码：

数据库服务热线：400-008-6695
数据库服务QQ：2475522410
数据库服务邮箱：database@ssap.cn
图书销售热线：010-59367070/7028
图书服务QQ：1265056568
图书服务邮箱：duzhe@ssap.cn

S 子库介绍
ub-Database Introduction

中国经济发展数据库

涵盖宏观经济、农业经济、工业经济、产业经济、财政金融、交通旅游、商业贸易、劳动经济、企业经济、房地产经济、城市经济、区域经济等领域，为用户实时了解经济运行态势、把握经济发展规律、洞察经济形势、做出经济决策提供参考和依据。

中国社会发展数据库

全面整合国内外有关中国社会发展的统计数据、深度分析报告、专家解读和热点资讯构建而成的专业学术数据库。涉及宗教、社会、人口、政治、外交、法律、文化、教育、体育、文学艺术、医药卫生、资源环境等多个领域。

中国行业发展数据库

以中国国民经济行业分类为依据，跟踪分析国民经济各行业市场运行状况和政策导向，提供行业发展最前沿的资讯，为用户投资、从业及各种经济决策提供理论基础和实践指导。内容涵盖农业，能源与矿产业，交通运输业，制造业，金融业，房地产业，租赁和商务服务业，科学研究，环境和公共设施管理，居民服务业，教育，卫生和社会保障，文化、体育和娱乐业等100余个行业。

中国区域发展数据库

对特定区域内的经济、社会、文化、法治、资源环境等领域的现状与发展情况进行分析和预测。涵盖中部、西部、东北、西北等地区，长三角、珠三角、黄三角、京津冀、环渤海、合肥经济圈、长株潭城市群、关中—天水经济区、海峡经济区等区域经济体和城市圈，北京、上海、浙江、河南、陕西等34个省份及中国台湾地区。

中国文化传媒数据库

包括文化事业、文化产业、宗教、群众文化、图书馆事业、博物馆事业、档案事业、语言文字、文学、历史地理、新闻传播、广播电视、出版事业、艺术、电影、娱乐等多个子库。

世界经济与国际关系数据库

以皮书系列中涉及世界经济与国际关系的研究成果为基础，全面整合国内外有关世界经济与国际关系的统计数据、深度分析报告、专家解读和热点资讯构建而成的专业学术数据库。包括世界经济、国际政治、世界文化与科技、全球性问题、国际组织与国际法、区域研究等多个子库。

法 律 声 明

"皮书系列"（含蓝皮书、绿皮书、黄皮书）之品牌由社会科学文献出版社最早使用并持续至今，现已被中国图书市场所熟知。"皮书系列"的LOGO（）与"经济蓝皮书""社会蓝皮书"均已在中华人民共和国国家工商行政管理总局商标局登记注册。"皮书系列"图书的注册商标专用权及封面设计、版式设计的著作权均为社会科学文献出版社所有。未经社会科学文献出版社书面授权许可，任何使用与"皮书系列"图书注册商标、封面设计、版式设计相同或者近似的文字、图形或其组合的行为均系侵权行为。

经作者授权，本书的专有出版权及信息网络传播权为社会科学文献出版社享有。未经社会科学文献出版社书面授权许可，任何就本书内容的复制、发行或以数字形式进行网络传播的行为均系侵权行为。

社会科学文献出版社将通过法律途径追究上述侵权行为的法律责任，维护自身合法权益。

欢迎社会各界人士对侵犯社会科学文献出版社上述权利的侵权行为进行举报。电话：010-59367121，电子邮箱：fawubu@ssap.cn。

社会科学文献出版社